ALESSANDRO GIRAUDO

ATLAS DER ROHSTOFFE

Entdecke die Ressourcen unseres Planeten

Illustrationen von
IRENE RINALDI

MIDAS

1. Auflage 2023
ISBN 978-3-03876-272-0

Übersetzung:
Claudia Koch, Ilmenau

Lektorat/Korrektorat:
Petra Heubach-Erdmann, Düsseldorf

Fachlektorat:
Linus Koch, Ilmenau

Satz:
Ulrich Borstelmann, Dortmund

Projektleitung:
Gregory C. Zäch, Zürich

Illustrationen:
Irene Rinaldi

Originaltexte:
Alessandro Giraudo

Bibliografische Information der Deutschen Bibliothek
Die Deutsche Bibliothek verzeichnet diese Publikation in der
Deutschen Nationalbibliografie unter www.dnb.de.

Midas Verlag AG, Dunantstrasse 3, CH 8044 Zürich
kontakt@midas.ch, www.midas.ch, socialmedia: follow »midasverlag«

Inhalt

B3

Eine Welt der Rohstoffe

Der Bleistift ist ein alltäglicher Gegenstand, der vor allem von Schulkindern und Studierenden benutzt wird. Nun, dieser einfache Gegenstand ist das Ergebnis eines Puzzles aus Rohstoffen, die aus Ländern in der ganzen Welt stammen. So fällen Holzfäller in Skandinavien, Kanada und Russland Bäume, um den Mantel aus **HOLZ** herzustellen, und chinesische Bergleute bauen das **GRAPHIT** ab, das einen Teil der Mine bildet. Die Mine ist jedoch eine Mischung aus Graphit, Pigmenten, Ton, Bindemitteln und Fetten und Wachsen, um sie vor Wasser zu schützen. Dann gibt es noch den **GUMMI**, der zum Radieren verwendet wird, und die Länder, die ihn herstellen, liegen hauptsächlich in Asien (Thailand, Indonesien, Malaysia).

Der Radiergummi muss sich am Papier abreiben können. Dazu werden dem Gummi häufig Quarzmehl und Füllstoffe wie Kreide beigegeben. Quarzmehl kann aus Quarzsand hergestellt werden. Dieser kann nahezu überall gefördert werden, auch in Europa gibt es sehr große Vorkommen. Auch Kreide gibt es recht viel in Europa, so zum Beispiel in Belgien, Dänemark, Deutschland oder in Großbritannien. Der Radiergummi ist mit einem Blechband im Stift befestigt. Das Blech wird aus Eisen und Zinn hergestellt. Eisen stammt zum Beispiel aus China, Japan, Indien oder Russland und Zinn aus asiatischen Minen. Schließlich gibt es noch die **FARBPIGMENTE**, mit denen die Außenseite des Bleistifts gefärbt wird und die hauptsächlich von der deutschen und amerikanischen chemischen Industrie hergestellt werden.

Wenn wir uns einen klassischen Buntstift aus Holz ansehen, müssen wir natürlich auch an die verschiedenen Arten von Pigmenten denken, die benötigt werden, um diesen Regenbogen von Farben zu erzeugen, den wir dann in den Etuis finden. Und natürlich erfordert all dies eine umfangreiche Nutzung von Strom, der aus Kohle (China, Deutschland, Indien, USA), Öl (USA, Russland, Saudi-Arabien, Kanada) oder Gas (USA, Russland, Iran, China) gewonnen wird. Oder vielleicht aus Kernenergie (Uran kommt aus Kasachstan, Namibia und Kanada), aus Solarzellen, die meist große Mengen an Silizium benötigen (China, Russland, Brasilien) oder mit Windkraftanlagen, die viele verschiedene Metalle benötigen, darunter Molybdän (vor allem abgebaut in China, Chile, USA, Peru).

Was kann man also über einen Bleistift sagen? Dass er ein einfaches und doch relativ komplexes Produkt ist: ein wahrer Regenbogen von Rohstoffen aus aller Welt. Der Bleistift ist ein Symbol für unsere tägliche Beziehung zur Welt der Rohstoffe, aber die Möglichkeiten, über Rohstoffe nachzudenken, sind endlos! Denk daran, wie wir aufwachen, nachdem wir auf einer Wollmatratze (hergestellt in Australien, China, Neuseeland) geschlafen haben, unsere Baumwolllaken (gewebt in Indien, China, den USA, Brasilien oder Pakistan) abziehen und dann mit Wasser duschen, das mit Strom oder Gas erhitzt wurde. Das Frühstück besteht aus Brot (chinesischer, indischer, russischer, amerikanischer Weizen) oder Cornflakes (vor allem Mais aus den USA, China oder Brasilien); dazu gibt es Milch (aus Deutschland oder Frankreich), Tee (China, Indien oder Kenia) oder Kakao (Elfenbeinküste, Ghana oder Ecuador), vielleicht sogar Orangensaft (Brasilien, Indien oder China). Dann ziehen wir unsere Kleidung aus Baumwolle, Wolle oder künstlichen Textilien an (wieder Erdöl) und greifen zu unserem Rucksack aus Kunststoff (wieder Erdöl) oder Leder, das aus der Haut von in Europa, Nord- und Südamerika und in Asien gezüchteten Rindern hergestellt wird. Und schließlich: Wird das Auto, mit dem wir zur Schule oder zur Arbeit fahren, nicht mit Öl, vielleicht mit Gas oder Strom betrieben wie Busse, U-Bahnen, Straßenbahnen und Züge?

Unser Planet ist ein wahres Füllhorn an Rohstoffen, die gesät, kultiviert, geerntet, aus den Tiefen der Erde geholt und von Menschen bearbeitet, sortiert und verteilt werden müssen. Denken wir also noch einmal an den Bleistift … Er wurde vor fünf Jahrhunderten erfunden und erstmals 1558 in der nordenglischen Ortschaft Keswick gefertigt. 1790 wurde dieser von dem Wiener Joseph Hardtmuth weiterentwickelt, indem er Graphitstaub mit Ton und Wasser mischte und diese Mischung in einem Ofen brannte. Dies ermöglichte ihm, den Härtegrad der Minen einzustellen. Seine Firma »Koh-i-Noor Hardtmuth« ist noch heute ein weltweit agierender Hersteller von Schreib-, Mal- und Zeichenartikeln und der älteste Bleistifthersteller der Welt. Bist du bereit, die Geschichten hinter den einzigartigsten Elementen der Natur zu entdecken? Die Reise kann beginnen.

Alessandro Giraudo

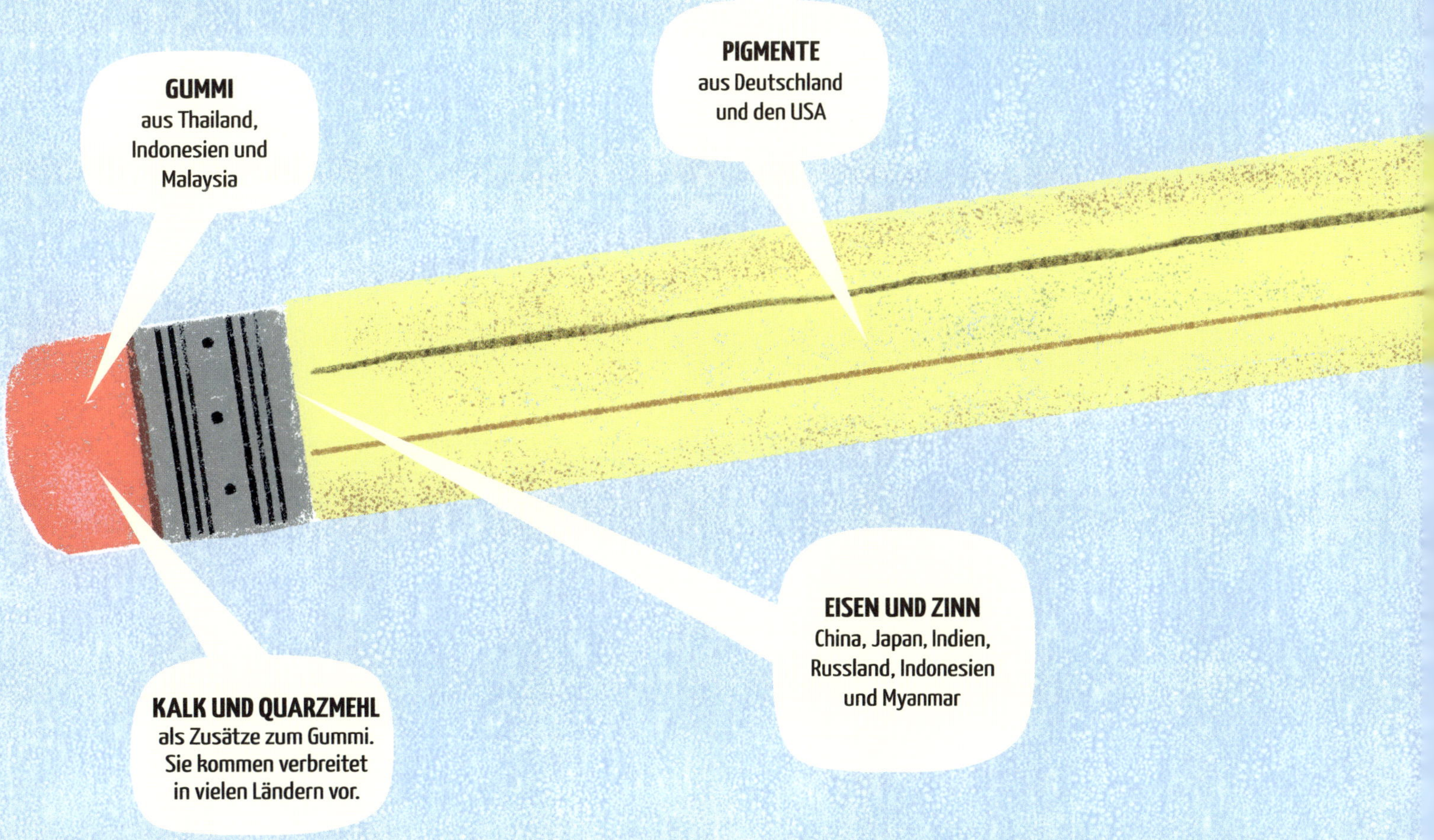

KAFFEE

Hast du gewusst, dass der Kaffee, den Mama und Papa trinken, aus dem Samen einer roten Frucht stammt, die auf Bäumen wächst? Und wusstest du, dass viel mehr Kaffee in den Ländern getrunken wird, in denen er nicht angebaut wird? In den Anbauländern trinken die Menschen weniger davon. Außerdem ist nicht jeder Kaffee gleich. Es gibt zwei große Familien: Arabica und Robusta. Die erste hat ein deutlich komplexeres Aroma, schmeckt meist feiner und dominiert aktuell den Markt. Die Pflanze Coffea Arabica stammt ursprünglich aus Äthiopien und wurde wahrscheinlich erstmals im heutigen Jemen zu Kaffee verarbeitet. Robusta-Bohnen hingegen haben einen kräftigeren, erdigen und bitteren Geschmack und werden vor allem in Vietnam, Indonesien und Brasilien angebaut.

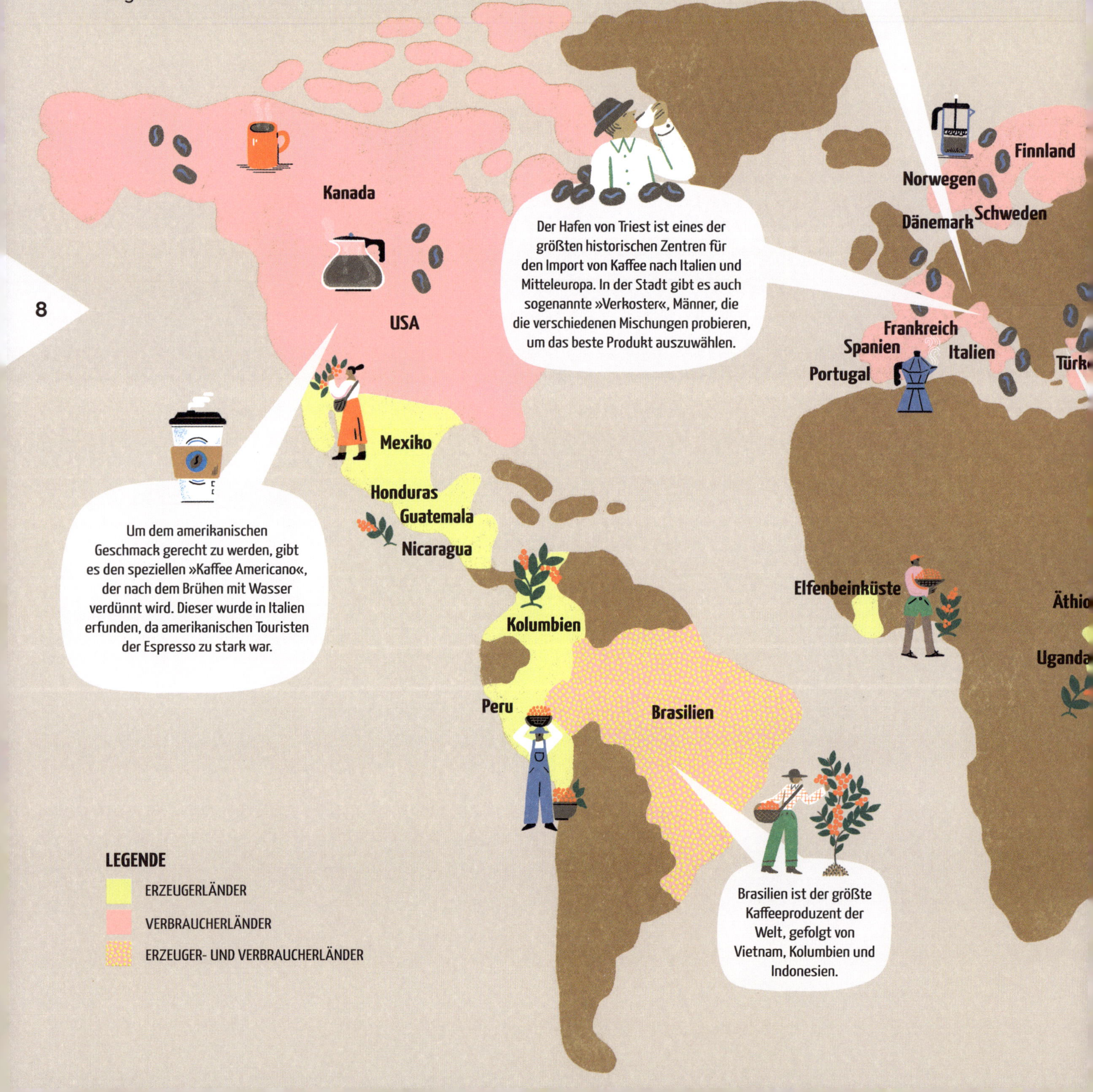

Von der Bohne ... in die Kanne

Kaffee wächst an Bäumen, die bis zu 10 m hoch werden können. Meist werden sie beschnitten, wenn sie eine Höhe von 2 bis 3 m erreichen. Hier beginnt der lange Weg, den der Kaffee zurücklegt, bevor er auf unseren Tischen und in den Cafés ankommt, um mit der Kaffee- oder Espressomaschine zubereitet zu werden.

1. Die Beeren werden von Hand oder maschinell geerntet.
2. Sie werden an der Sonne und an der Luft getrocknet und dann wird der Samen (Bohne) herausgelöst.
3. Die Bohnen werden poliert, durch eine Reihe von Sieben geleitet und nach Gewicht und Größe sortiert.
4. Die Bohnen werden in speziellen Maschinen geröstet, dann gekühlt und gegebenenfalls gemahlen, um in dem dunklen Getränk, das wir Kaffee nennen, getrunken zu werden.

Kaffee wurde anfangs gegessen! Mitte des ersten Jahrtausends wurde ein spezielles Mehl aus den Bohnen gemahlen, um ein energiereiches Brot herzustellen, das muslimische Soldaten vor Schlachten aßen.

Die Städte, die den Kaffee in Europa einführten, waren Istanbul, London und Venedig. Und auf dem Alten Kontinent entstanden die ersten öffentlichen Orte (Cafés genannt), an denen man bei gutem Kaffee diskutierte und Geschäfte machte. Einige sind so berühmt, dass sie zu Filmkulissen wurden!

Eine Geschichte der Spione

Es ist das 17. Jahrhundert, und die Holländer landen an der Küste von Moka, einer Stadt im heutigen Jemen. Kaffee wird hier in großen Mengen angebaut, und es ist leicht, sich in eine Plantage einzuschleichen und etwas zu stehlen. Die Niederländer machen sich dies zunutze und nehmen einige Bohnen mit, um sie auf den Inseln Java und Sumatra, etwas weiter draußen im Indischen Ozean, anzupflanzen. An diesem Punkt kommt Brasilien ins Spiel, das unbedingt Kaffee anbauen möchte, aber von den Erzeugerländern keine Setzlinge für sich selbst bekommen kann. Was also tun? Man schickt einen gut aussehenden Unteroffizier zum Gouverneur des benachbarten Französisch-Guayana, dem es in der Zwischenzeit gelungen ist, durch eine List einen Setzling von den Holländern zu bekommen. Der Unteroffizier, der eigentlich nur ein Spion war, gewinnt die Sympathie der Frau dieses hohen Beamten. Sie mag ihn so sehr, dass sie ihm einen Blumenstrauß schenkt und darin Kaffeesetzlinge versteckt. Der Rest ist Geschichte: Brasilien wird zum größten Kaffeeproduzenten der Welt!

GOLD

Hast du gewusst, dass Edelmetalle das Geschenk einer Supernova-Explosion sind? Die NASA hat nachgewiesen, dass 80 % der schweren Elemente im Universum (Gold, Platin, radioaktive Elemente usw.) aus der Explosion eines Sterns mit der 30-fachen Masse der Sonne entstanden sein sollen. Dabei entstand die Staub- und Gaswolke, aus der das Sonnensystem hervorging.
Aber auch beim Gold ist es paradox: Dieses glänzende gelbe Metall wird mühsam aus dem Inneren der Erde gewonnen, um dann doch wieder in die Tresore der Zentralbanken und Geschäftsbanken zurückzukehren, wo es gelagert wird.

Die Schweiz war aufgrund des Bankgeheimnisses schon immer ein wichtiges Zentrum für Goldtransaktionen und -lagerung, sodass sie auch als »Goldparadies« bezeichnet wurde. Noch heute lagert viel Edelmetall in den Banken von Zürich und Genf, auch wenn das Bankgeheimnis inzwischen abgeschafft wurde.

Wer Gold besaß, war mächtig und konnte sich viele Torheiten leisten, darunter auch Kriege. Die Pharaonen der 18. Dynastie waren in der Lage, Nubien (den heutigen Sudan) zu erobern, wo sich die Goldminen der schwarzen Pharaonen befanden.

Hast du gewusst, dass in Goldminen eine Tonne Erz aus dem Untergrund geholt werden muss, um 4–5 g (wohlgemerkt Gramm!) reines Metall zu gewinnen? Es gibt jedoch Minen mit viel höherem Goldgehalt: Bei Fire Creek in Nevada werden mehr als 44 Gramm Metall pro Tonne gewonnen.

In den 1980er-Jahren war Südafrika ein bedeutender Goldproduzent: Heute steht es an neunter Stelle weltweit.

ORTE, AN DENEN GOLD GELAGERT WIRD
- Fort Knox, Kentucky, USA
- New York, USA
- London, Großbritannien
- Paris, Frankreich
- Frankfurt a. M., Deutschland
- Rom, Italien
- Peking, China
- Tokio, Japan
- Zürich, Schweiz

Vom Nugget ... zum Barren

Gold ist ein ganz besonderes Material, das zwei Preise hat: den Materialwert des Metalls und den Preis, den die Menschen einem Metall zuschreiben, das von der Zeit unbeeinflusst, formbar und dehnbar ist und mit dem im Laufe der Jahre Kriege, Willkür, Lösegelder und Handel finanziert wurden.

1. Gold wird aus den Mineralien gewonnen, an die es in der Natur gebunden ist oder die in Flüssen gesiebt werden.
2. Goldhaltiges Erz wird zerkleinert und zu Pulver verarbeitet. Anschließend wird es erhitzt, um das Gold zu schmelzen, das dann in Tiegeln gesammelt wird.
3. Das so gewonnene Metall wird raffiniert und in Ein-Kilo-Barren bzw. in 12,5 kg schwere Barren gegossen.
4. Gold wird eingelagert und findet sich in unseren Staatskassen, in unseren Mobiltelefonen und in zahlreichen Industrieprodukten wieder, um schließlich in Form von Schmuck auf unserer Haut, als Münzen in unseren Taschen, als Medaillen um unseren Hals und in Form von Zahnersatz in unserem Mund zu landen.

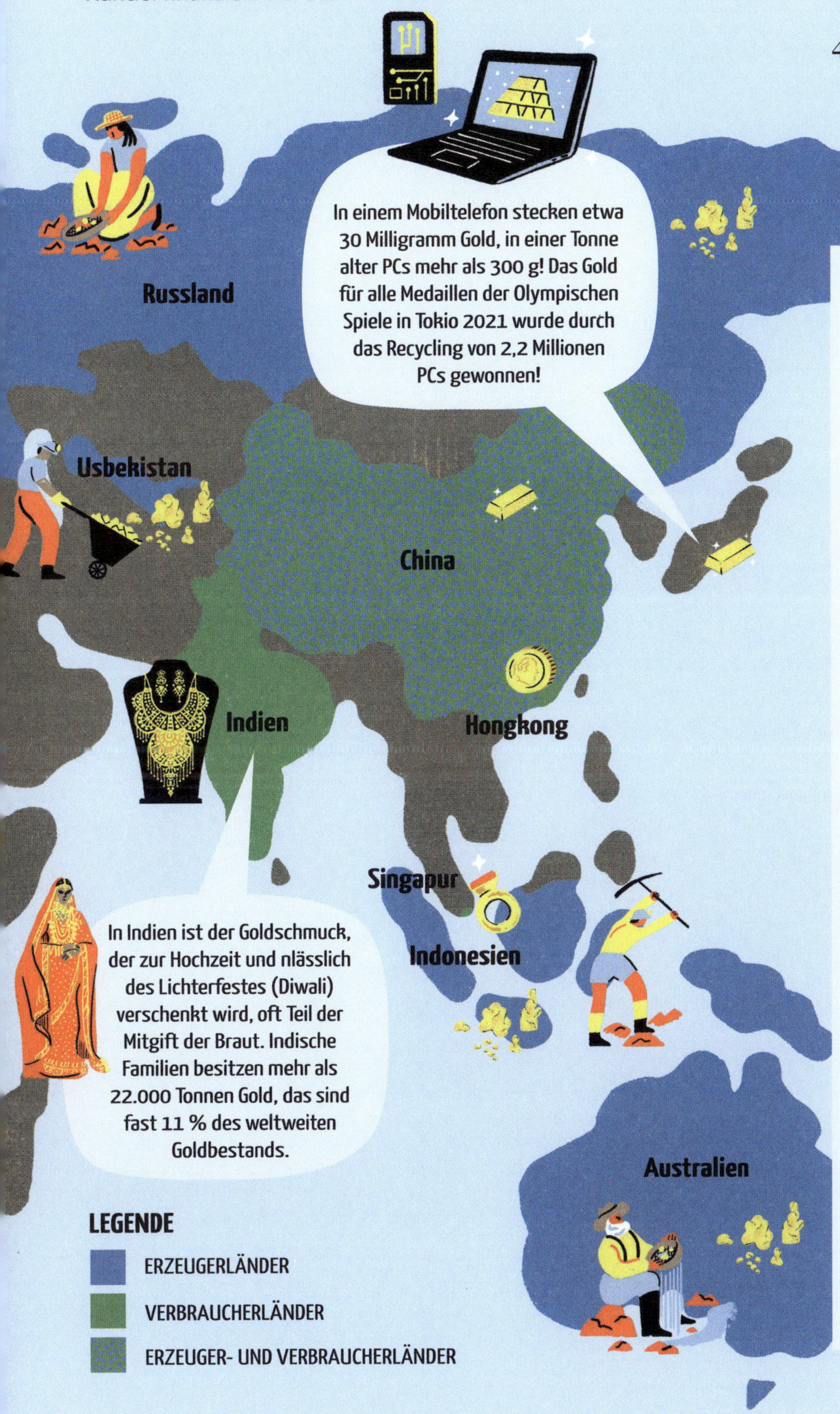

Jasons goldenes Vlies

Die griechische Mythologie erzählt die Geschichte von Jason. Alles begann, als sein Halbonkel Pelia dem Vater des Jungen den Thron streitig machte. Jason befand sich gerade nicht im Land, doch als er zurückkehrte, forderte er sein rechtmäßiges Erbe ein. Pelia willigte unter der Bedingung ein, dass Jason ihm das magische Goldene Vlies, das goldene Widderfell, das König Aeta in Kolchis aufbewahrte, zurückbringen würde. Kolchis liegt in Georgien, einer Region des Kaukasus: Diese Berge waren schon immer reich an Gold und auch heute noch gibt es Minen mit dem gelben Metall. Jason machte sich dann mit seinen Gefährten, den Argonauten, auf die Suche nach dem Goldenen Vlies. Nun, diese Geschichte ist nicht aus der Luft gegriffen. Goldgräber in Flüssen haben schon immer Widderfelle benutzt, um die vom Wasser mitgerissenen Goldfäden aufzusammeln. Anschließend breiteten sie sie in der Sonne aus (sodass die Felle glänzten); wenn sie trocken waren, verbrannten sie sie, um das Edelmetall zu gewinnen.

LITHIUM

Hast du gewusst, dass Lithium das leichteste aller Metalle ist? Um das Gewicht eines Kilogramms zu erreichen, braucht man 1,87 Liter. Es hat eine Dichte, die etwa halb so groß ist wie die von Wasser und es schwimmt auf Öl. Im Jahr 1949 entdeckte John Cade, ein australischer Psychiater, ein Medikament auf Lithiumbasis zur Behandlung bipolarer Störungen, das vielen Patienten half, schnell wieder emotional stabil zu werden. Lithium ist heute die Standardbehandlung für diese schwierigen und belastenden psychischen Störungen und eines der wirksamsten Medikamente in der Psychiatrie. Seine Einführung in die psychiatrische Pharmakologie war jedoch mit zahlreichen Hindernissen verbunden: Heute wird dieses Metall in Salzwüsten gesucht, um in China, Europa und den USA Akkumulatoren für Elektroautos herzustellen.

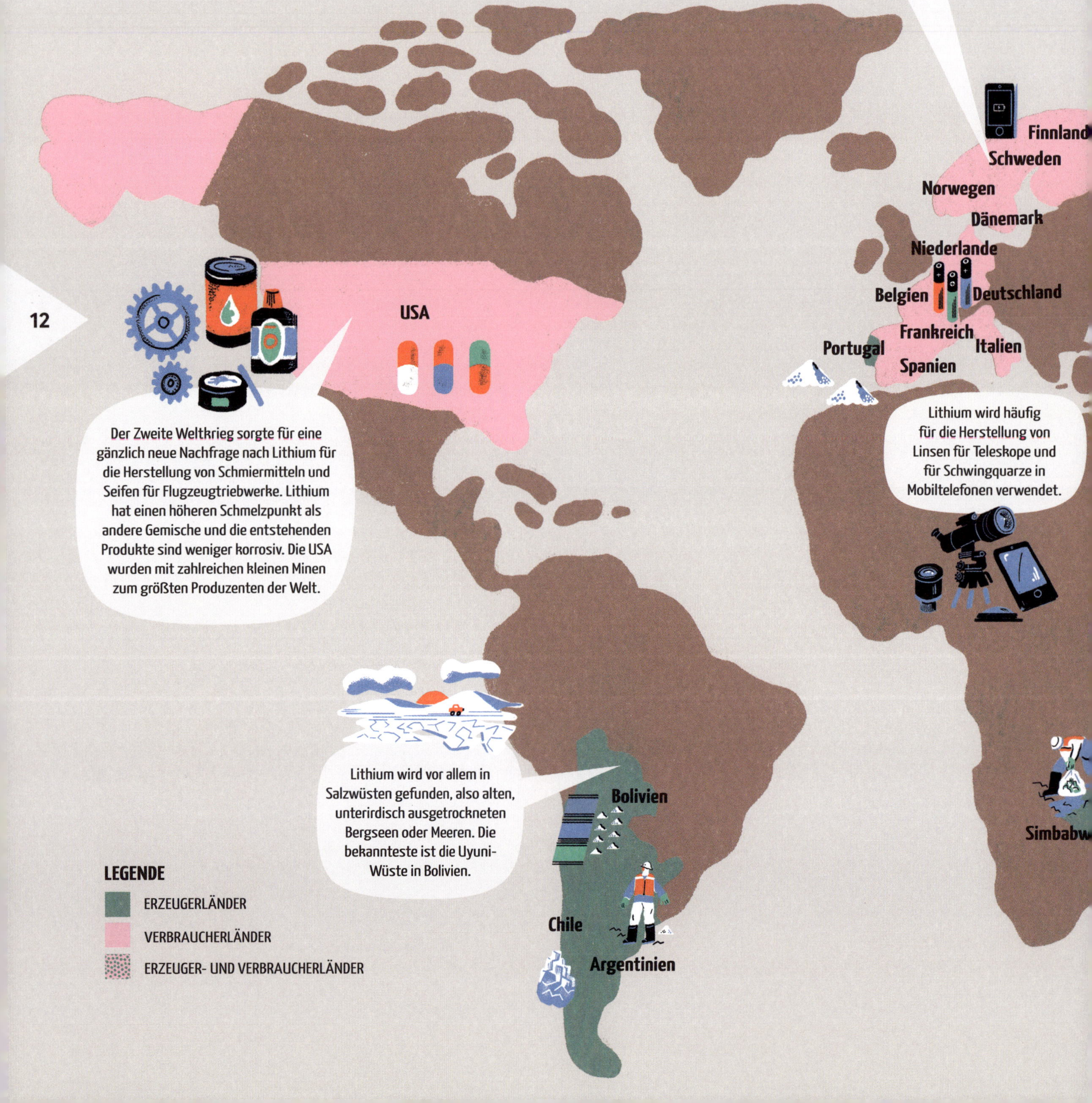

Vom Metall ... zur Batterie

Der Name stammt aus dem Griechischen *líthos* (Stein) und wurde von dem Chemiker Jöns Jakob Berzelius vorgeschlagen, dem Leiter des Labors, in dem es entdeckt wurde.

1. Lithium findet man in Salzwüsten, in natürlichen unterirdischen Wasserreservoirs oder in Gesteinen in Bergwerken. Mehr als hundert verschiedene Mineralien enthalten Lithium, aber seine Gewinnung ist kompliziert.
2. Bei Salzseen wird Wasser entnommen und verdampft oder gekocht, um das Salz mit verschiedenen Zusatzstoffen zu erhalten. In Bergwerken wird Gestein abgebaut und anschließend mit denselben Elementen behandelt.
3. Diese Masse an Salzen wird dann mit chemischen Lösungsmitteln und Reagenzien verarbeitet, um das Lithium von Verunreinigungen zu trennen und Lithiumcarbonat und andere Grundstoffe zu gewinnen.
4. Das auf diese Weise gewonnene Rohmaterial wird in Akkus für Elektroautos, für Spezialglas, für Metalllegierungen, für pharmazeutische Produkte und für das Schweißen von Hightech-Metallen verwendet.

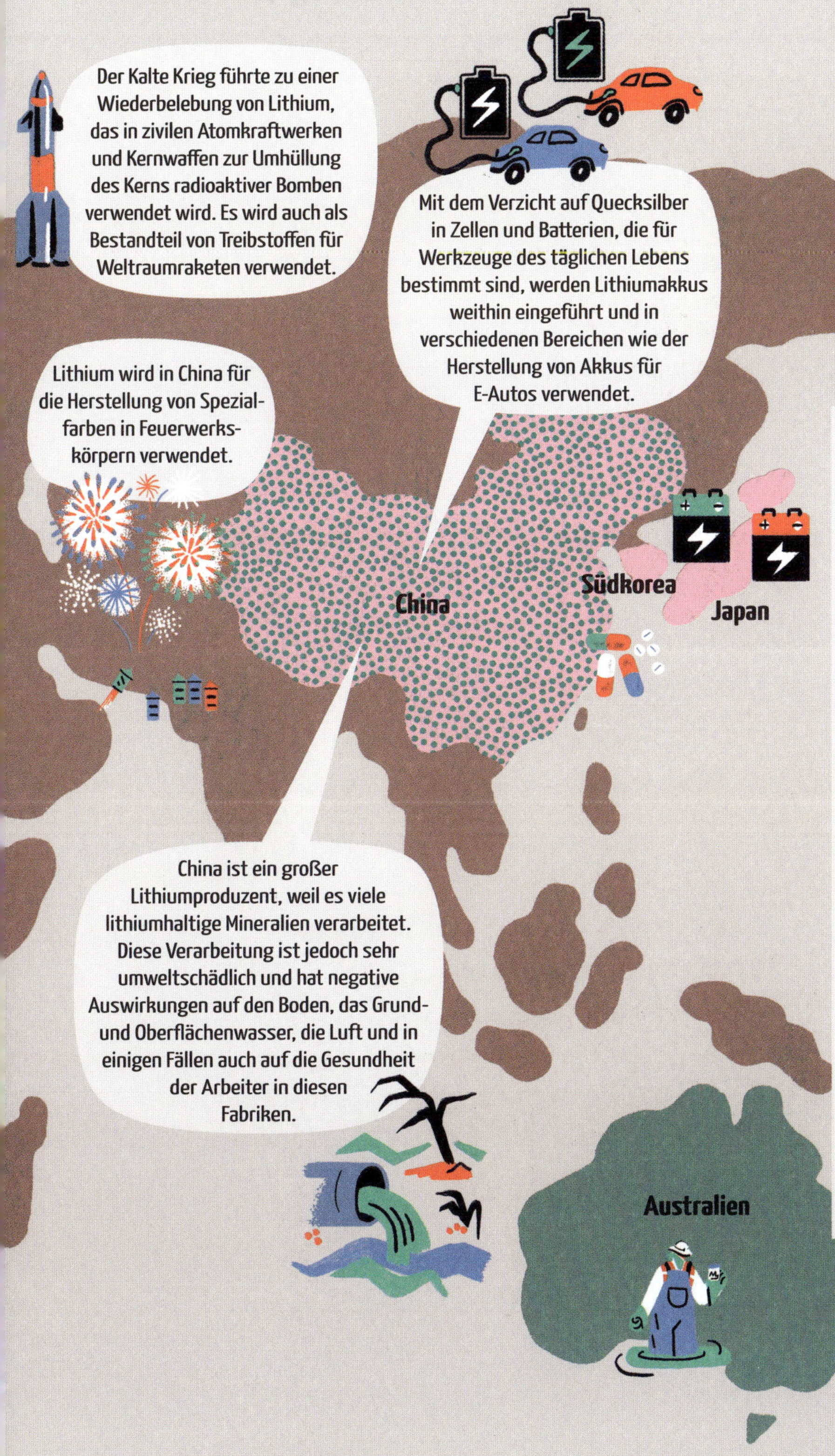

Lithium und Meerwasser

Die Lithiumnachfrage wird in den nächsten dreißig Jahren weiter steigen und das Angebot wird die Nachfrage nicht decken können. Daher muss man in die Suche nach neuen Produktionszentren investieren, denn Lithium ist kein allzu seltenes Metall; es ist in verschiedenen Regionen zu finden, allerdings in geringen Mengen. Große Hoffnungen setzt man auf das im Wasser enthaltene Lithium, insbesondere in den Ozeanen ... aber während Lithium in der Erdkruste in 60 Teilen pro Million Stoffeinheiten vorhanden ist, sind es im Wasser nur 0,17 Teile pro Million. Es ist also notwendig, eine Technologie zu erforschen, mit der Lithium auch im Wasser der Ozeane wirtschaftlich gewonnen werden kann.

Seeräuber und Piraten auf Beutezug

Nach der Entdeckung Amerikas durch Christoph Kolumbus im Auftrag der Spanier reisten zahlreiche Eroberer, Entdecker und Kaufleute auf den neuen Kontinent, um Handel zu treiben und Minen zu eröffnen. In Mexiko, Peru und Bolivien wurden zahlreiche Silberminen entdeckt, aber auch Gold. All diese Edelmetalle kamen in den Häfen von Mexiko an, von wo aus spanische Galeonen sie nach Kuba transportierten. Von dieser Insel aus starteten Konvois von Galeonen, die von spanischen Militärschiffen begleitet wurden, nach Sevilla. So entwickelte sich in der Karibik eine neue Aktivität: die Jagd auf spanische Galeonen und deren Entern durch Piraten, Seeräuber und Freibeuter. Die Freibeuter waren die Einzigen, die mit offiziellen, von der französischen, englischen und niederländischen Regierung ausgestellten Freibriefen ausgestattet waren. Die anderen waren Banditen, die sich die enormen Reichtümer in der Karibik zunutze machten. Frankreich, England und die Niederlande begannen daraufhin einen Krieg gegen Spanien und versuchten, die Lieferungen von Edelmetallen zu beschlagnahmen: Diese wurden von der spanischen Regierung zur Finanzierung ihrer Armee und zur Bezahlung der Söldner verwendet, die in zahlreichen Konflikten in Europa kämpften.

GAS

In dem Wort »Gas« steckt das altgriechische Wort »χάος«, was »Chaos« bedeutet. Es wurde von dem flämischen Universalgelehrten Jean Baptiste van Helmont im 17. Jahrhundert geprägt. Aber was ist Erdgas? Es ist ein natürliches Gemisch aus gasförmigen Kohlenwasserstoffen, das hauptsächlich aus Methan besteht. Die Hauptverbraucher sind zunächst die Länder, die es produzieren, und dann die großen Industrieländer, die Gas zur Stromerzeugung nutzen. Seltsamerweise stehen die großen Gasproduzenten oft auch auf der Liste der großen Erdölproduzenten, denn Öl- und Gasquellen liegen meist in der gleichen Region.

Vom Gas ... zur Energie

Das Gas liegt entweder als Dampf oder in flüssigem Zustand vor. Dann wird es durch Pipelines transportiert oder verflüssigt und mit LNG-Tankern zu den Verbrauchsorten befördert. Aber es ist das gleiche Gas! Nur der Aggregatzustand (gasförmig oder flüssig) ändert sich.

1. Erdgas kommt in Taschen unter der Erde vor. Wenn der Druck ausreicht, erreichen die Bohrer die Taschen und das Gas entweicht auf natürliche Weise. Reicht der Druck nicht aus, muss Wasser oder Luft eingeleitet werden, damit das Gas an die Oberfläche steigt.
2. Es gibt zwei Techniken für den Transport von Gas über große Entfernungen. Wann immer möglich, wird Gas in Pipelines (über Land oder unter Wasser) transportiert.
3. Wenn das Gas Meere und Ozeane überqueren soll, muss es vor dem Transport in Flüssiggas umgewandelt werden. In der Praxis wird das Gas auf eine Temperatur von 163 Grad unter null gebracht und verändert damit seinen Zustand.
4. Gas wird zur Erzeugung von Elektrizität und Düngemitteln, aber auch von Glas, Keramik und Papier verwendet und dient als Kraftstoff.

Vom Gas zum Schinkenbrot

Wenn wir ein Schinkensandwich essen, denken wir nicht darüber nach, aber es gibt eine direkte Verbindung zu ... Gas! Viele Düngemittel, vor allem stickstoffhaltige, werden durch die Umwandlung von Gas hergestellt! Und sie werden in der Landwirtschaft in großem Umfang für die Erzeugung verschiedener Getreidesorten verwendet, darunter Weizen (für Brot und sogar Spaghetti) und Mais (der für Polenta verwendet wird ... aber auch als Tierfutter). Die Produkte werden zum Futter für Schweine, aus denen Schinken, Salami, Mortadella hergestellt werden ... Nicht zu vergessen, dass Steaks und Milch von Kühen stammen (die mit Mais und Soja gefüttert werden).

MAIS

Der Mais wurde von Christoph Kolumbus in Europa eingeführt. Als der Seefahrer zum ersten Mal in der Karibik ankam, beobachtete er, wie die dortigen Bauern, die Taíno, ihn ernteten. Mais war das wichtigste Getreide für dieses Volk und für die auf dem amerikanischen Kontinent lebenden Mayas, Azteken und Inkas. Bei den Azteken galt er als Fruchtbarkeitspflanze, und bei den Mayas gab es den Gott des Mais. Kolumbus erfuhr, dass ein Korn dieser Pflanze in nur fünf Monaten nach der Aussaat 600 Körner hervorbringen kann. Darüber hinaus kann die Struktur des Maiskolbens verbrannt werden, es gibt lange Blätter, die Matratzen füllen, Tiere füttern und zur Herstellung von Körben und Taschen verwendet werden können, und schließlich kann auch der Stängel der Pflanze selbst als Tierfutter oder Baumaterial verwendet werden.

Giovanni da Udine, ein Schüler und großer Freund Raffaels, malte 1516 Maiskolben: Sie erscheinen in einer Blumengirlande zu Füßen von Merkur und Psyche in der Loggia der Villa Farnesina in Rom. Es ist die erste Darstellung von Mais in der europäischen Malerei.

Mais enthält kein Vitamin B3, und wer nur Mais isst, erkrankt häufig an einer schweren Krankheit: Pellagra. Sie äußert sich durch Flecken auf der Haut, die die Form von Schmetterlingen haben. Erst nach dem Ersten Weltkrieg erklärte ein amerikanischer Arzt, Joseph Goldberger, das Auftreten von Pellagra und schlug eine Lösung vor, um sie zu heilen.

Ab 1530 wurden die Regionen Mailand, Lombardei und Venetien zu fruchtbaren Gebieten, in denen sich der Mais ungewöhnlich gut entwickelte. Es gibt Flüsse und Kanäle, die das Land bewässern, und die Sommerhitze tut ihr Übriges. Man erhält Maiskolben mit bis zu 900 Körnern: außergewöhnlich produktiv!

Doch warum heißt er Mais? Zunächst einmal ist sein Name spanischen Ursprungs, *maíz*, der wiederum vom Taíno-Wort *mahis* abgeleitet ist. In einigen Regionen Österreichs nennt man ihn Kukuruz, der Begriff stammt aus dem Serbokroatischen.

Mais wird zur Herstellung von Bioethanol verwendet, einem Kraftstoff, der aus der Fermentierung verschiedener zuckerhaltiger Produkte (darunter Mais) gewonnen wird. In Brasilien und auch in den USA werden zahlreiche Fahrzeuge mit diesem Kraftstoff betrieben.

LEGEND

- ERZEUGERLÄNDER
- VERBRAUCHERLÄNDER
- ERZEUGER- UND VERBRAUCHERLÄNDER

Vom Kolben ... auf den Tisch

Mais hat einen signifikanten ernährungsphysiologischen Wert:
Er ist leicht zu kochen, relativ lange haltbar und ist recht sättigend.

1. Mais wird auf der nördlichen Halbkugel im zeitigen Frühjahr gesät und im Spätsommer mit riesigen Mähdreschern geerntet, die die Kolben direkt schälen, um die Körner freizugeben.
2. Er wird in Trocknungsanlagen getrocknet, um ihm einen Großteil der Feuchtigkeit zu entziehen und eine lange Lagerfähigkeit zu gewährleisten.
3. Der Mais wird in großen Silos aufbewahrt, wo er mehrere Jahre lang lagern kann, ohne seine Eigenschaften zu verlieren. Oft wird er zu Maismehl gemahlen.
4. Neben der Herstellung von Polenta und Popcorn wird Mais zur Herstellung von Speiseöl, Bier, Whisky und Süßungsmitteln verwendet; er ist in Snacks, Getreideflocken, Pudding, Süßigkeiten und Soßen (Mayonnaise) enthalten. Außerdem bildet er die Grundlage für Tierfutter, liefert Bioethanol und wird zur Gewinnung von Stärke verwendet, die in Naturklebstoffen und in der Papierindustrie eingesetzt wird.

Der Arzt und Botaniker Pietro Andrea Mattioli zeichnete in seinem Herbarium mehr als 1.200 Bilder von Obst und Gemüse, darunter auch Mais; dieses Buch beschreibt zahlreiche Pflanzen im Detail und wurde 1568 in Venedig in seiner vollständigen Fassung veröffentlicht. Sein Werk wurde zu einem unverzichtbaren Text für die Gelehrten in Europa.

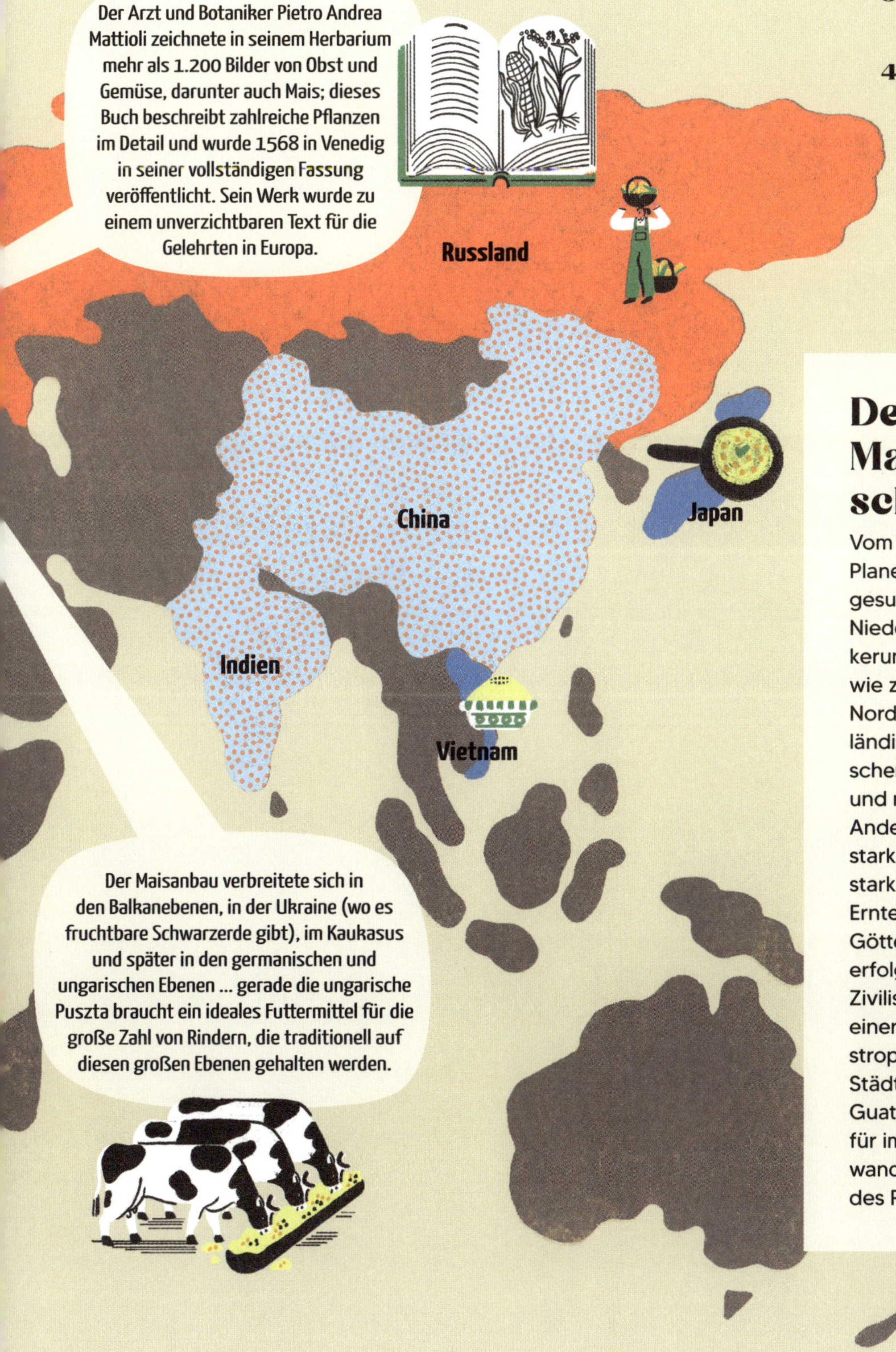

Der Maisanbau verbreitete sich in den Balkanebenen, in der Ukraine (wo es fruchtbare Schwarzerde gibt), im Kaukasus und später in den germanischen und ungarischen Ebenen ... gerade die ungarische Puszta braucht ein ideales Futtermittel für die große Zahl von Rindern, die traditionell auf diesen großen Ebenen gehalten werden.

Der Untergang der Maya, Dürre und schlechte Maisernten

Vom 9. bis zum 12. Jahrhundert wird unser Planet von einer schweren Klimakrise heimgesucht: Die Temperaturen steigen und die Niederschläge nehmen ab. Bestimmte Bevölkerungsgruppen werden jedoch begünstigt, wie z. B. die Wikinger, die Expeditionen nach Nordfrankreich (Normandie), an die niederländischen Küsten (wo besonders viele Menschen leben), ins Wolgagebiet, in die Ukraine und nach Sizilien (Normannen) unternahmen. Andere Völker hingegen sind von der Dürre stark betroffen: Dies gilt für die Maya, die stark vom Maisanbau abhängig sind. Die Ernten sind schlecht, Menschenopfer, um die Götter um Regen zu bitten, bleiben erfolglos, und die blühende Zivilisation der Maya geht in einer dramatischen Katastrophe unter. Viele schöne Städte in Mexiko und Guatemala verschwinden für immer, besiegt durch Auswanderung und die Invasion des Regenwalds.

KOHLE

Vor 350 Millionen Jahren herrschte auf der Erde ein heißes und feuchtes Klima: Viele Regionen waren von Wäldern bedeckt. Alle absterbende Vegetation wurde vom Wasser überflutet und die organische Materie durchlief einen langsamen Prozess der Karbonisierung, das heißt, es entstanden Fossilien mit einem hohen Anteil an Kohlenstoff. Verschiedene Böden waren Hitze (Vulkanen) und Druck (tektonischen Bewegungen) ausgesetzt, die sie in das Innere der Erde drückten. Je nachdem, wie viel Hitze und Druck sie ausgesetzt waren, verwandelten sich diese Materialien in Kohle, Graphit und sogar Diamanten.

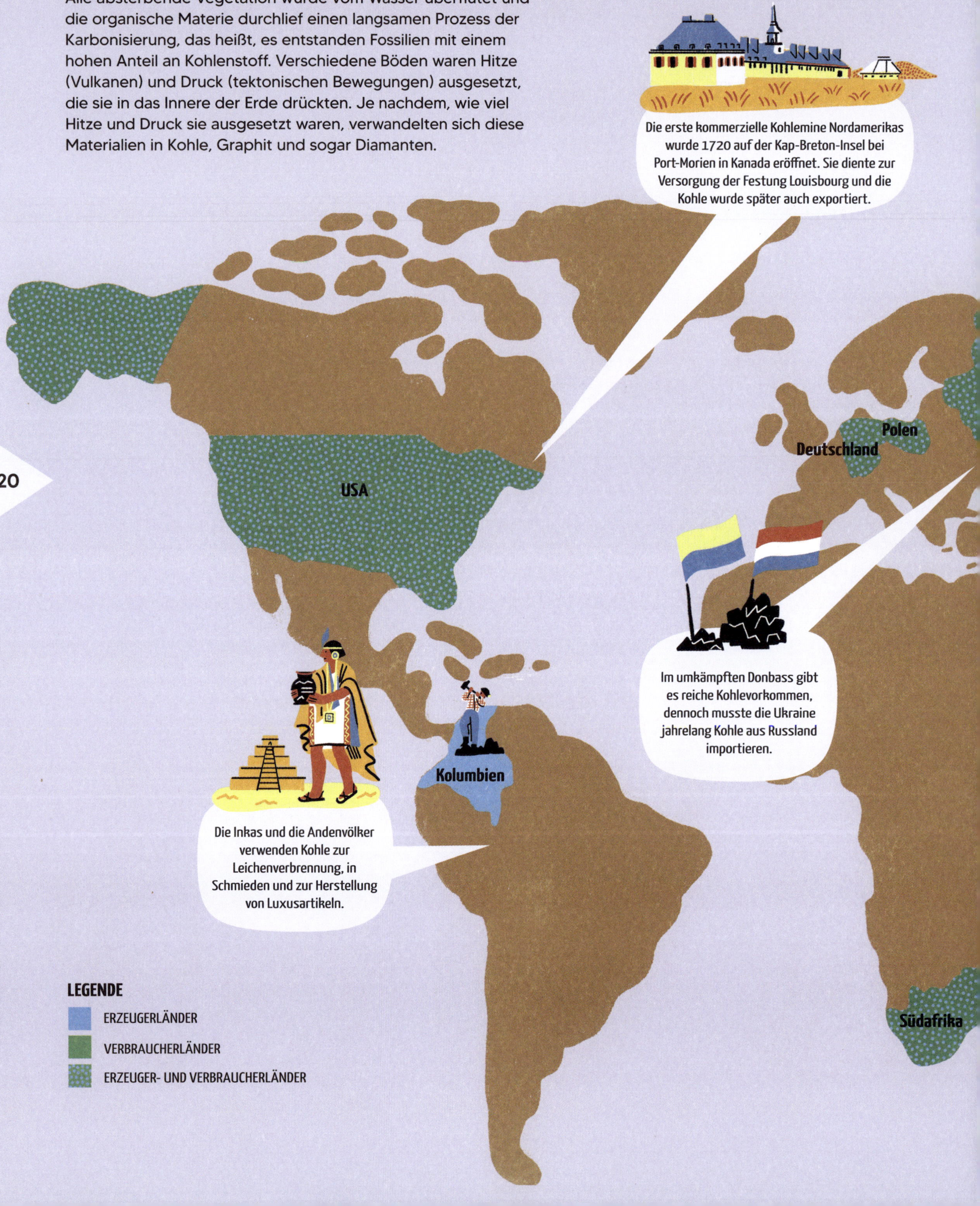

Vom Stein ... zum Treibstoff

Es gibt verschiedene Arten von Kohle, je nach Alter des Bodens, aus dem sie gewonnen wird, und je nach Druck und Hitze, denen sie ausgesetzt war. Nach der Förderung muss die Kohle aufbereitet werden, indem sie zerkleinert, sortiert und gewaschen wird, um verschiedene Verunreinigungen zu entfernen. Man schätzt, dass dafür durchschnittlich 250 Liter Wasser pro Tonne benötigt werden. Aus diesem Grund reagieren Bergwerke sehr empfindlich auf Dürreperioden und müssen manchmal die Arbeit einstellen, weil es an Wasser mangelt.

1. Torf ist die jüngste und qualitativ schlechteste »Kohle«. Er wird in Torfmooren abgebaut und kann in Briketts geschnitten werden, die als Brennstoff, aber auch als Dünger für den Gartenbau verwendet werden.
2. Braunkohle ist eine schwarzbraune, erdige Masse und stellt die zweite Stufe der Inkohlung dar. Sie wird häufig im Tagebau abgebaut und entwickelt bei der Verbrennung starken Rauch.
3. Steinkohle ist eine Kohleart, die zu mehr als 50% des Gewichts aus Kohlenstoff besteht. Sie wird hauptsächlich zur Strom- und Wärmeerzeugung und zur Koksproduktion für die Eisenverhüttung genutzt.
4. Anthrazit ist die Königskohle, die älteste und seltenste Kohleart. Sie hat einen sehr hohen Kohlenstoffgehalt, ist sehr hart und schwarz und hat einen hohen Heizwert; sie brennt mit kurzer Flamme und erzeugt sehr wenig Rauch.

Vögel im Bergbau

Über lange Zeit steigen Frauen, Kinder und ältere Menschen in die Kohleminen hinab, um unter unmenschlichen Bedingungen ihr tägliches Brot zu verdienen. Oft werden Pferde in die Grube hinabgelassen, um Karren zu ziehen. Sie bleiben dort mehrere Jahre, bis sie sterben. In einigen Bergwerken kommt es zu vielen tödlichen Unfällen, wenn das Grubengas explodiert und die Stollen einstürzen, wobei die Bergleute eingeschlossen werden. Deshalb steigen die Bergleute mit Kanarienvögeln in die Schächte hinab; der kleine Vogel zwitschert oft, und wenn er aufhört und umkippt, deutet dies auf Grubengas hin. Dann beeilen sich die Bergleute, den Stollen zu verlassen, um ihr Leben zu retten. Grubengas ist ein geruchloses, farbloses Gas, das aus einer Mischung von Methan (80–95 %), Kohlendioxid, Stickstoff und Sauerstoff besteht und sehr explosiv ist.

Merkwürdige Geschichten

Die Welt der Rohstoffe ist voll von kuriosen Geschichten aller Art. Von der Arnika, die wir zur Behandlung von Prellungen verwenden, die aber schon von unseren Großeltern geraucht wurde, bis zur Aloe Vera, die zur Linderung von Sonnenbrand verwendet wird, aber auch von Kleopatra als Augentropfen benutzt wurde. Von den Sultaninen, die in den Rucksäcken der römischen Soldaten, auf den Galeeren der Seeleute und im Weihnachtsgebäck zu finden waren, bis hin zur Myrrhe, die in Pflastern zu finden ist. Karmin wurde zum Färben der Kleidung der Männer der Renaissance und der roten Mäntel der englischen Soldaten verwendet, findet sich aber auch in Schinken und Lippenstift. Antimon schminkte die Augen römischer Frauen schwarz, heilte König Ludwig XIV. und wird heute bei der Herstellung von Leitungen verwendet. Und dann gibt es noch die Brennnessel, die unsere Haut reizt, aber bei der Herstellung von Tee, Suppen und ... bei der Herstellung hochwertiger Textilien verwendet wird! Hier findest du eine kleine Auswahl von Lebensmitteln, die wir jeden Tag essen.

KARTOFFELN
Die Knollen aus der Hölle

Im 16. Jahrhundert hatten die Karavellen und Galeonen, die von der Karibik nach Europa segelten, Laderäume voller Edelmetalle, Gewürze und ... Kartoffeln! Die Kartoffel ist ein in den Anden beheimatetes Gemüse, das die Besatzungen ernährte, weil es von Natur aus Vitamin C enthält, aber das wusste damals noch niemand. Die Menschen waren sogar sehr misstrauisch: Die Knolle wächst unter der Erde und wird daher mit der Hölle in Verbindung gebracht. Die Blätter der Kartoffel enthalten eine giftige Substanz (Solanin), die Magenbeschwerden verursacht. In Frankreich jedoch, wo die Kartoffel als Tierfutter galt, wurde sie von einem Militärapotheker zur Zeit Ludwigs XVI. gefördert. Antoine Parmentier wurde als Gefangener tatsächlich mit Kartoffeln gefüttert. Er schlug dem König vor, im Zentrum von Paris ein Kartoffelfeld anzulegen und es von der Gendarmerie bewachen zu lassen. Nachts passten die Wachen jedoch nicht auf und die Pariser stahlen die Pflanzen, um sie in ihren Gärten auszusäen. Mit dieser List wurde die Kartoffel in ganz Frankreich verbreitet.

ORANGE
Ein unverhofftes Geschenk

Erst um das Jahr 1000 kamen die ersten Orangen nach Europa, eine Frucht, die aus China stammte. Orangen wurden auch in Indien angebaut, wo Elefanten sie verschlangen, vor allem die grünen Früchte, von denen sie Verdauungsbeschwerden bekamen. Zur Zeit Ludwigs XIV. wollten alle Könige Orangen haben und ließen Gewächshäuser bauen. Da die Früchte sehr teuer waren, stahlen die Hofdamen sie und versteckten sie unter ihren weiten Röcken. Und dann machten die Engländer Orangenmarmelade, obwohl es in ihrem Land eigentlich gar keine Orangenbäume gab! Und warum? Eine Menge Orangenmarmelade kam aus Portugal nach Großbritannien, wo sie Marmelada genannt wurde und sehr beliebt war. Angeblich aß sie Maria, die Königin der Schotten, wenn sie unter Migräne litt .... Portugiesische Kaufleute führten den Orangenanbau in Brasilien ein und in vielen europäischen Dialekten wird die Orange »die Portugiesische« genannt, weil die Zitrusfrucht mit portugiesischen Schiffen nach Europa kam. Lange Zeit blieb die Orange ein sehr teures Produkt und noch zu Beginn des letzten Jahrhunderts bekamen Kinder vom Weihnachtsmann eine Orange geschenkt.

LAKRITZ
Ein Energiebündel

Lakritz ist das Wurzelextrakt des Echten Süßholzes. Süßholz wächst in der Mittelmeerregion und in Westasien; die Chinesen verwendeten sie in ihrer Medizin. Aber auch in Europa wird sie seit Langem konsumiert und diente als Heilmittel für Kranke, da sie eine starke Energiequelle ist und die Verdauung fördert. Napoleon, der an Magenschmerzen litt, lutschte viele Stangen davon ... und hatte gelbe Zähne! Aber auch Kavalleriesoldaten fütterten ihre Pferde vor Schlachten mit Lakritz, um sie zu stärken. Außerdem ist Lakritz ein Süßungsmittel, weshalb wir es gerne essen, und es wird häufig in Produkten für Diabetiker verwendet. Lakritz wird reichlich in Getränken verwendet (um dem Bier die dunkle Farbe zu verleihen), in Tabakmischungen, in Nichtraucherpflastern und in Süßigkeiten.

ANANAS
Die fliegende Frucht

Auf seiner zweiten Reise landete Kolumbus auf der Insel Guadeloupe und entdeckte die Ananas. Die Schönheit der Frucht und ihr sehr angenehmer Geschmack erregten das Interesse von Königen und reichen Leuten in Europa, die Gewächshäuser bauen ließen, um sie anzubauen. Wenn die Frucht angeschnitten wird, hört sie auf zu reifen; nach den langen Reisen der damaligen Zeit kam sie faul oder noch grün (wenn sie zu früh angeschnitten wurde) und daher geschmacklos an. Reiche Leute, die sie auf ihren Tischen präsentieren wollten, »mieteten« sie daher, das heißt, sie bewunderten sie, ohne sie zu essen! Im Jahr 1901 gründete James Dole auf Hawaii ein Unternehmen zum Anbau der Frucht und 1911 erfand der italienischstämmige Ingenieur Henry Ginaca eine Maschine, mit der die Ananas geschält und in Scheiben geschnitten werden konnte. Die Frucht ist eine wichtige Quelle von Mineralien und Vitaminen, verliert aber bei der Konservierung viele Eigenschaften. Sie ist eine der Früchte, die oft mit dem Flugzeug transportiert werden, um ihre Eigenschaften zu bewahren.

FLEISCH
Ein Bergwerk von Nahrungsmitteln

Der Mensch hat schon immer Fleisch gegessen, indem er wilde Tiere gejagt und sie dann domestiziert hat. Eine Kuh, ein Schaf, ein Schwein, ein Huhn sind eine Fundgrube für Nahrung (Fleisch, Milch/Käse, Eier, Fett zur Seifenherstellung, Federn ...) und Rohstoffe (Leder, Wolle, Dung ...). Rinder liefern seit jeher Energie für die Feldarbeit und zum Ziehen von Karren und Kanonen. Auf praktisch allen Kontinenten werden diese Tiere gezüchtet. In Amerika kamen die Kühe 1525 mit den Spaniern nach Mexiko und 1624 mit englischen Auswanderern in die USA. Der Truthahn hingegen kam mit den Eroberern im 16. Jahrhundert von Amerika nach Europa. Die großen Ebenen im Norden der USA, die argentinische Pampa und die brasilianischen Ebenen wurden zu riesigen Zentren der Rinderzucht und später die australischen Ebenen zu Zentren der Schafzucht. Dank der Erfindung von Fleischkonserven und der Einführung des Transports mit Kühlschiffen wurde die europäische Bevölkerung satt. Die Schlachthöfe von Chicago, in die Cowboys die Rinderherden trieben, entwickelten sich zu einer vollwertigen Fleischindustrie, die die ganze Welt ernährte. China ist heute der größte Produzent und Verbraucher von Fleisch, insbesondere von Schweinefleisch.

WEIZEN

Weizen ist eine Pflanze, aber es gibt einen großen Unterschied zwischen Weich- und Hartweizen: Es handelt sich um zwei verschiedene Pflanzenarten. *Triticum aestivum*, d. h. Weichweizen, wird für die Herstellung von Mehl für Backwaren, Malz für Bier und Stärke verwendet. *Triticum durum* (Hartweizen) hingegen hat eine Ähre mit länglichen, kantigen Körnern, ist eiweißreicher, hat einen höheren Nährwert und ist sättigend. Aus ihm wird der Grieß hergestellt, der für Nudeln und Couscous verwendet wird. Mit einer Mischung aus Mehl und Grieß kann man Brot backen, das weniger weich ist, aber einen sehr angenehmen Geschmack hat.

Vom Korn ... zum Mehl

Für die Menschen in der westlichen Welt ist Weizen seit jeher eines der wichtigsten Lebensmittel; anderswo ist das anders: In Asien ist das der Reis, Mais in Amerika, Hirse und Reis in Afrika.

1. In der nördlichen Hemisphäre wird der Weizen im Frühherbst gesät, nachdem die Furchen auf den Feldern vorbereitet wurden, und er wird zwischen Mai in den Mittelmeerländern und Juli in den nordeuropäischen Ländern geerntet.
2. Im Frühjahr treiben die Körner aus und die Sämlinge entwickeln sich zu langen Stängeln mit Ähren, die mit Körnern beladen sind (sie enthalten zwischen 50 und 100)!
3. Riesige Mähdrescher mähen und trennen die Körner von den Stängeln, die zusammengepresst und zu Stroh werden.
4. Schließlich mahlen große Mühlen tonnenweise Weizen und andere Körner, um Brot in verschiedenen Formen und immer schmackhafteren Geschmacksrichtungen herzustellen.

Für die Wissenschaft

Der Weizen, den wir heute essen, unterscheidet sich völlig von dem, den die Ägypter, Römer, Venezianer und sogar unsere Großeltern aßen. Im Jahr 1940 beauftragte Mexiko, ein hungerndes Land mit unzureichender Weizenproduktion, Wissenschaftler mit der Erforschung eines Weizens, der unter Berücksichtigung des heißen Klimas des Landes viel mehr Körner produzieren, Krankheiten widerstehen und möglicherweise zwei Ernten pro Jahr einbringen könnte. Den Wissenschaftlern gelang es, die Eigenschaften des Weizens so zu verändern, dass er diese Anforderungen erfüllte, und ab den 1950er Jahren wurde dieses Saatgut in Länder exportiert, die unter Hunger litten, wie Indien und Pakistan. Zahlreiche Studien haben die Beschaffenheit des Weizens weiter verbessert, aber man darf nicht vergessen, dass es sich um eine neue Art von Weizen handelt und dass wir noch nicht alle seine Auswirkungen auf den menschlichen Körper kennen.

TEE

Das Wort »Tee« soll sich vom kantonesischen Wort »chah« ableiten, während das englische Wort »tea« von der Hafenstadt Amoy (Xiamen, China) stammt, von wo aus die Briten begannen, das Produkt nach England zu exportieren. Die Tees, die wir in den Regalen sehen, sind oft Mischungen wie Earl Grey (benannt nach Earl Grey), English Breakfast, Prince of Wales (zu Ehren von König Edward VIII.). Die Verarbeitung variiert je nach Teesorte, da die fermentierten Blätter unterschiedlich stark oxidiert werden. Rote Tees (im Westen »schwarz« genannt) sind fermentierte Tees, grüne Tees sind unfermentierte Tees, blaue und gelbe Tees sind halbfermentiert, und schwarze Tees sind »nachfermentiert«. Weiße Tees hingegen werden aus den Knospen und den ersten Blättern mit teilweiser Fermentierung gewonnen.

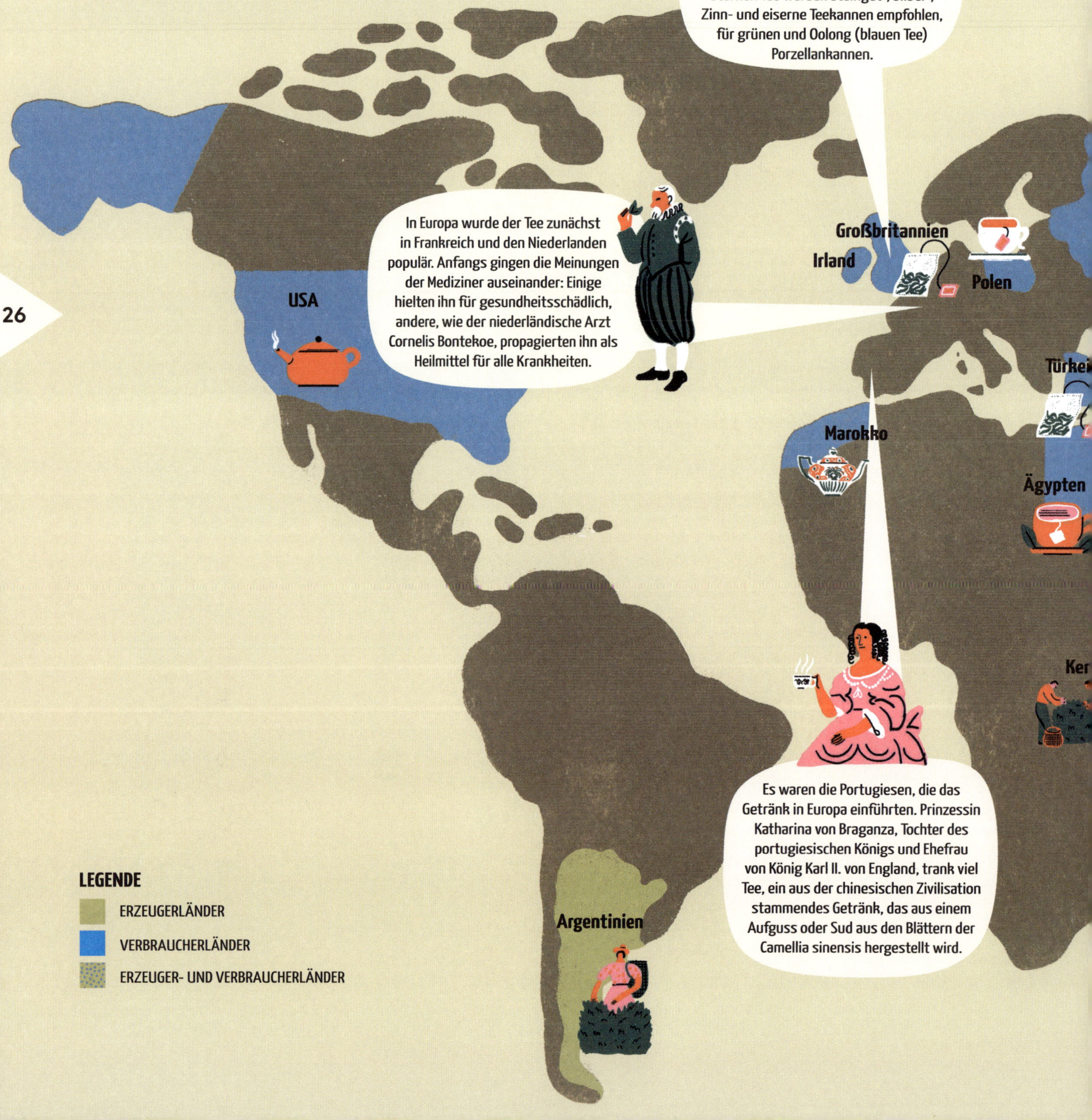

Von der Pflanze ... in die Tasse

Tee wird aus einer holzigen Pflanze gewonnen, die heute in China angebaut wird. Manchmal werden ihre Blätter mit Gewürzen, Kräutern oder Essenzen gemischt.

1. Tee ist ein verzweigter, immergrüner Strauch mit kleinen weißen Blüten, der für sein Wachstum ein subtropisches Klima benötigt. Die Blätter sind länglich und zwischen 5 und 14 cm lang.
2. Die Blätter werden dreimal im Jahr geerntet: das erste Mal im April, das zweite Mal im Frühsommer und das dritte Mal im Herbst.
3. Die Pflanzen werden so beschnitten, dass die Blätter etwa einen Meter über dem Boden von Hand gepflückt werden können. Die Blätter werden von Trieben geerntet, die 3 bis 5 Jahre alt sind. Eine Teepflanze hat eine Lebensdauer von 30 bis 40 Jahren.
4. Ein Kilo Blätter ergibt durchschnittlich 250 g trockenen Tee, der maximal ein Jahr haltbar ist und dann viele Eigenschaften verliert; die Erzeuger verkaufen ihn über regelmäßige Auktionen an multinationale Unternehmen, die auf Teehandel und -verarbeitung spezialisiert sind.

Der Portugiese Gaspar da Cruz, ein Gesandter in China, schreibt: »Es ist üblich, jedem, der das Haus eines Chinesen von Rang besucht, auf einem schönen Tablett in einem Porzellanbecher eine Art Wasser anzubieten, das sie cha nennen, rötlich und sehr heilsam.«

Tee wird in der asiatischen Welt wahrscheinlich schon seit mehr als 5.000 Jahren getrunken. Zu den wichtigsten Befürwortern des Tees gehören buddhistische Mönche, die ihn als rituelles Getränk und Stärkungsmittel verwenden.

In Japan wurde im 14. Jahrhundert eine besondere Form der rituellen Zubereitung vorgeschrieben, der so genannte *Cha no yu* oder die Teezeremonie.

Die Briten organisierten eine Spionageaktion, um Teesetzlinge in China zu stehlen: Sie schickten den Mandarin sprechenden Botaniker Robert Fortune in das Land. Die Operation war erfolgreich, und 1851 wurden die Setzlinge in den Ausläufern des Himalaja ausgesät, und Indien wurde zum zweitgrößten Teehersteller der Welt.

Überfall auf den Hafen von Boston

Tee spielt als Auslöser des Unabhängigkeitskriegs zwischen den englischen Kolonien in Amerika und Großbritannien eine Rolle. Die Kolonien importierten nämlich viel Tee aus London, der mit hohen Steuern belegt war; nach heftigen Protesten wurde die Steuer zwar abgeschafft, aber auf andere Produkte und später wieder auf Tee erhoben. Nach verschiedenen Demonstrationen wird 1773 ein Schiff mit einer Ladung chinesischen Tees aus London im Hafen von Boston gestürmt und alle Teekisten über Bord geworfen; es handelt sich um 46 Tonnen im Wert von 9.695 Pfund (eine sehr hohe Summe). Diese Aktion löste den Krieg aus, der zur Unabhängigkeitserklärung der Kolonien am 4. Juli 1776 führte, aber erst 1783 mit dem Vertrag von Paris offiziell beendet wurde.

KAKAO

Hast du gewusst, dass die Kinder der Römer keine Schokolade kannten? Bis zur Entdeckung Amerikas mussten wir warten, um die Früchte der Kakaopflanze zu kosten. Christoph Kolumbus war der erste Europäer, der 1502 auf seiner vierten Amerikareise die Samen der Kakaopflanze probierte, als er auf der Insel Gunaja vor der Küste von Honduras landete. Die Indios boten ihm Schalen, Körner und ein Kakaogetränk an, das Kolumbus nicht mochte (es ist zu bitter!). Dieses Getränk wird in der Landessprache *cacahuatl* genannt und ist den Gottheiten gewidmet: Für die Maya stellt die Kakaopflanze die Göttin der Fruchtbarkeit dar! Der transozeanische Handel mit Kakao begann jedoch erst im Jahr 1585, als die erste Lieferung von Bohnen den großen spanischen Hafen von Sevilla erreichte, wo die Galeonen aus der Karibik anlegten.

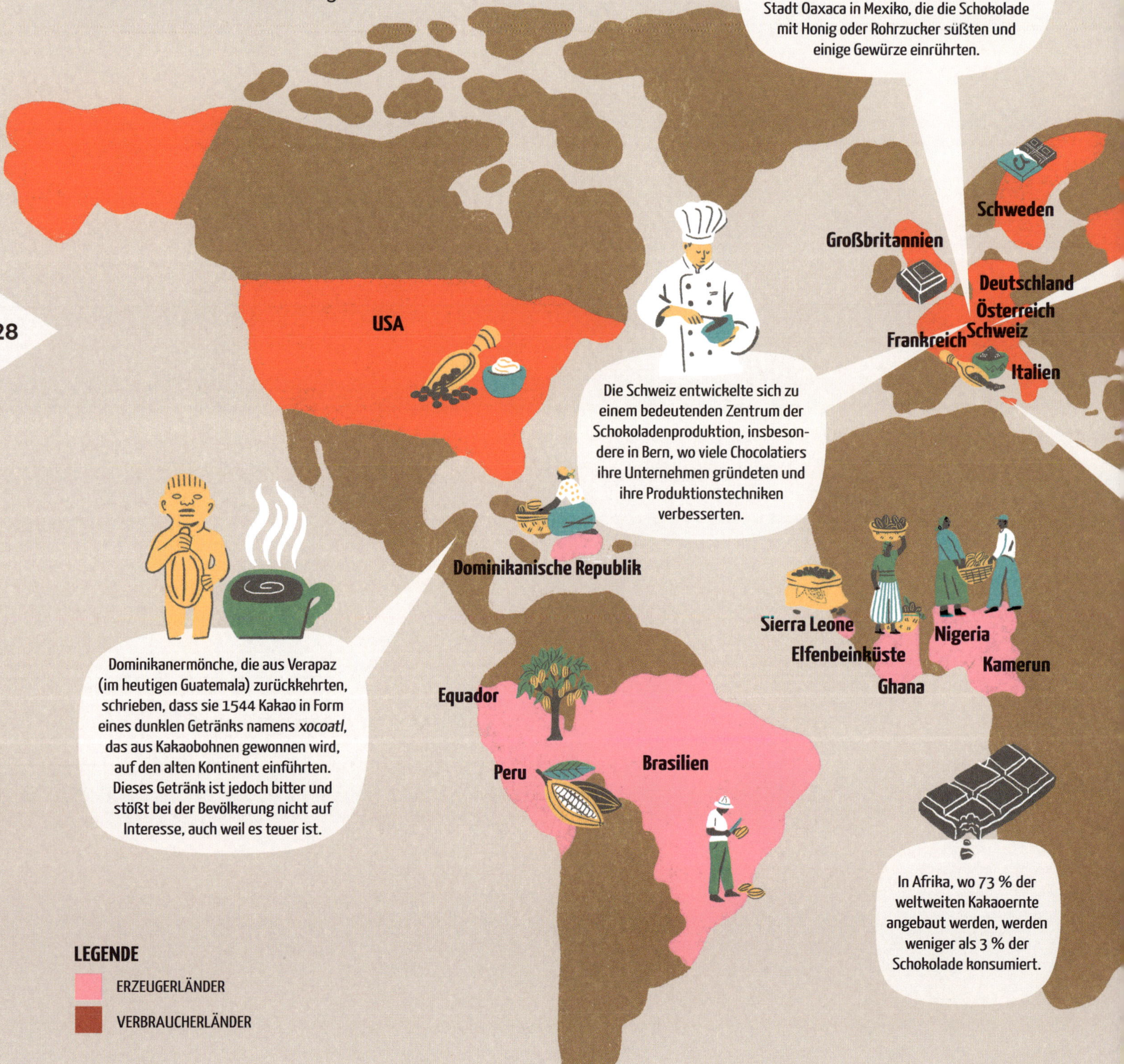

Von der Kakaobohne zur Schokolade

Kakao ist nichts anderes als eine Pflanze, deren Bäume Früchte, Cabosse genannt, mit einer länglichen Form und einer harten, faltigen, gelben oder roten Schale hervorbringen. Sie reifen etwa 5 bis 6 Monate nach der Bestäubung der Blüte.

1. Wenn die Kakaobohnen reif sind, werden sie mit einer Machete von den Zweigen geschnitten und geöffnet, um die Kakaobohnen zu gewinnen: Sie werden Favabohnen genannt, und in jeder Kakaobohne befinden sich 25 bis 40 Stück.
2. Die mit dem Fruchtfleisch vermischten Bohnen werden mit Bananenblättern abgedeckt und fünf Tage lang fermentiert. Anschließend werden sie in der Sonne getrocknet und für den Transport in die verschiedenen Länder verpackt.
3. Die bitteren Bohnen werden dann geröstet und geschält. Dadurch entwickeln und verstärken sich die Kakaoaromen. Anschließend werden sie gemahlen, um Kakaomasse zu erhalten, die zu Kakaopulver und Kakaobutter verarbeitet wird.
4. Diese Zutaten gelangen schließlich in die Hände der Schokoladenhersteller, die Zucker, Milch, Haselnusspaste, Vanille, Sojalecithin und Aromastoffe hinzufügen. Diese Paste wird in Formen gegossen, um Schokoladentafeln, Pralinen und Brotaufstrich herzustellen.

Wie viel kostet ein Kaninchen? Zehn Kakaobohnen!

Die Völker des präkolumbianischen Amerikas hatten kein Geldsystem wie unseres, in dem Münzen einen bestimmten Wert ausdrücken und den Kauf einer Ware oder Dienstleistung ermöglichen. Sie hatten andere Zahlungsmittel, darunter Goldstaub, Baumwolle und … Kakaobohnen! Ein Kaninchen kostete zum Beispiel zehn Samen, ein Huhn zwei, ein Putenei drei Samen. Der Tageslohn eines Arbeiters war vierzig Samen wert. Die Bürger zahlten ihre Steuern an den Kaiser in Kakaobohnen, die in Säcken mit 24.000 Bohnen aufbewahrt wurden – das ist das maximale Gewicht, das ein Mann auf dem Rücken tragen kann. Lange Zeit erhielten auch die portugiesischen Soldaten in Brasilien ihren Sold in Kakaobohnen.

Die zwei Seidenstraßen

Der deutsche Geograf Ferdinand von Richthofen erfand 1877 den Begriff »Seidenstraße« für die rund 8.000 km lange Route von China nach Europa. Die Route wurde während der chinesischen Han-Dynastie eingeweiht, und es gab auch einen Seeweg von chinesischen Häfen nach Persien und Ägypten. Marco Polo hatte die Seidenstraße bereist, und die Sicherheit entlang der Route wurde durch Patrouillen von berittenen Soldaten und Polizisten gewährleistet. Es hieß, dass eine Frau allein mit einem Diamanten auf dem Kopf die ganze Strecke zurücklegen konnte, ohne belästigt zu werden. In den Westen reisten Seide, Gewürze, Arzneiprodukte, Porzellan, Jade, Edelsteine und indisches Elfenbein. In den Osten reisten Korallen, Bernstein, Schmuck, afrikanisches Elfenbein, Silber, Gold und ... besondere Produkte: Ideen, Religionen und Mikroben! Außerdem reisten Händler, Geistliche, Diplomaten, Soldaten, Sklaven und Akrobaten auf diesen Straßen, zusammen mit Kamelen, Dromedaren, einigen Pferden und Maultieren. Die Seidenstraße erlitt eine tiefe Krise mit der Eröffnung der von dem Portugiesen Vasco da Gama entdeckten Route zwischen Lissabon und Indien, die Afrika umrundete. Vor etwa zehn Jahren nahm China die Idee der Seidenstraße wieder auf, um den westlichen Teil des Landes zu entwickeln.

SILBER

Hast du gewusst, dass wir Silber essen und es in den Himmel schießen, um eine bestimmte Art von Regen zu bekommen? Silber ist ein weiches, weißes, glänzendes Metall mit vielen Verwendungsmöglichkeiten: Wir finden es nicht nur in Münzen, Schmuck und in der Fotografie, sondern es wird auch als Farbstoff in manchen Süßigkeiten verwendet, um diese metallische Farbe zu erhalten, die wir dann genießen. Und wusstest du, dass Silber in den Himmel geschossen oder von Flugzeugen ausgestoßen wird, um die Kondensationskerne von Wolken zu stimulieren und ... Regen zu erzeugen?

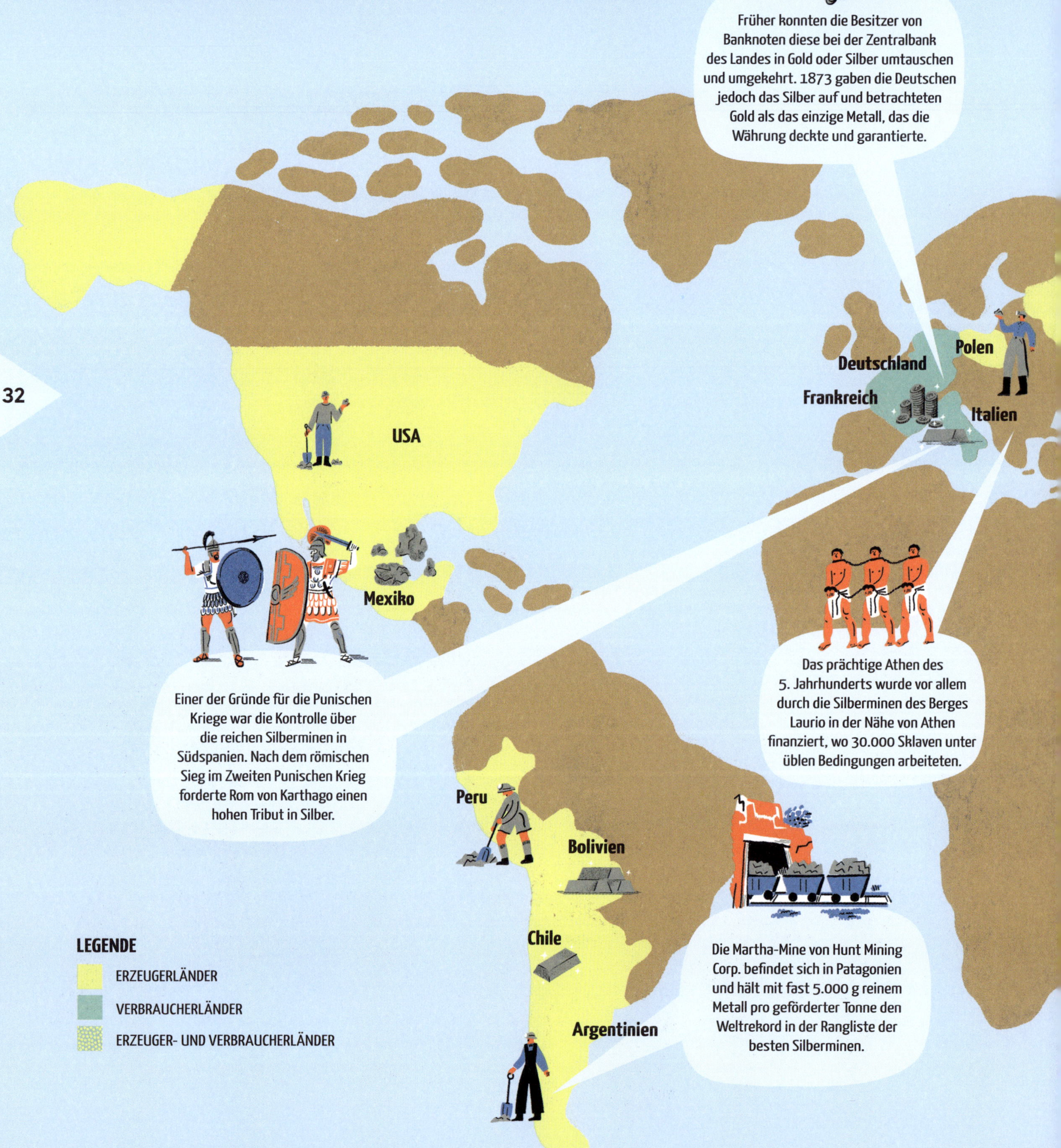

Vom Erz ... zum Tafelsilber

Silber kommt in der Natur sowohl rein als auch in Form von Erzen vor und steht in der Geschichte der Globalisierung an erster Stelle. Mit der Entdeckung Amerikas und den großen mexikanischen, peruanischen und bolivianischen Minen entstand der dritte große Produktionspol. Der erste sind die mitteleuropäischen Minen (insbesondere die Joachimsthaler Mine) und der zweite das japanische Becken (insbesondere die große Mine Iwami Ginzan).

1. Silber wird aus Blei-, Zink-, Zinn- und Kupfererzen gewonnen, aus denen es durch Elektrolyse, eine spezielle chemische Umwandlung, abgetrennt wird.
2. Bei der Gewinnung des Silbers wird es in Klumpen gesammelt, die noch Verunreinigungen enthalten; anschließend wird es auf einen für den Handel geeigneten Reinheitsgrad raffiniert.
3. Anschließend wird es geschmolzen und in die Formen des gewünschten Produkts gegossen oder mit Metallen gemischt, um Legierungen herzustellen.
4. Silber wird schließlich in Münzen, Schmuck und in der Fotoindustrie verwendet, aber auch bei der Herstellung von Arzneimitteln, Pflastern, Desinfektionsmitteln, einigen Textilien sowie von Farben und Farbstoffen.

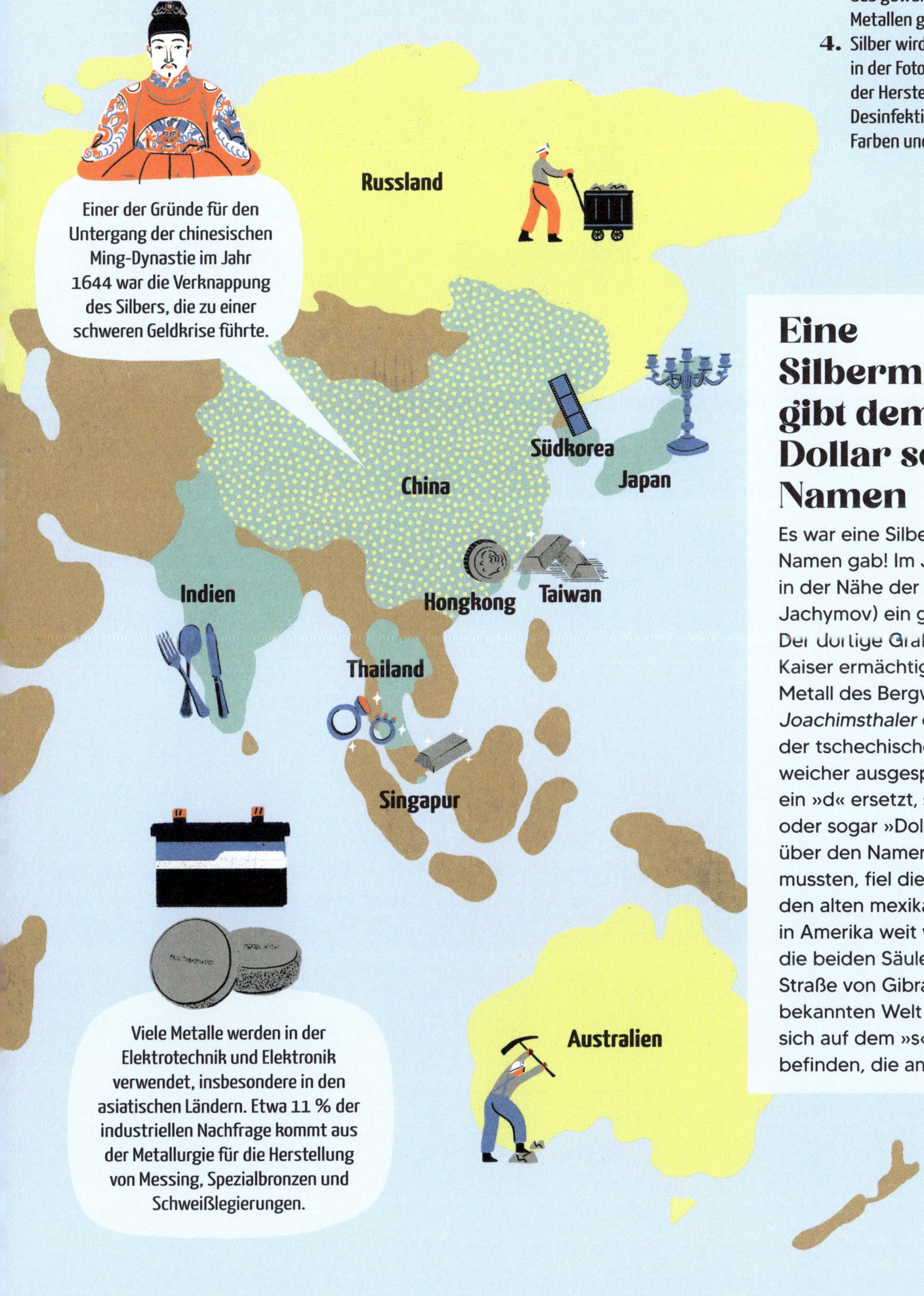

Einer der Gründe für den Untergang der chinesischen Ming-Dynastie im Jahr 1644 war die Verknappung des Silbers, die zu einer schweren Geldkrise führte.

Viele Metalle werden in der Elektrotechnik und Elektronik verwendet, insbesondere in den asiatischen Ländern. Etwa 11 % der industriellen Nachfrage kommt aus der Metallurgie für die Herstellung von Messing, Spezialbronzen und Schweißlegierungen.

Eine Silbermine gibt dem Dollar seinen Namen

Es war eine Silbermine, die dem Dollar seinen Namen gab! Im Jahr 1516 wurde in Böhmen in der Nähe der Stadt Joachimstahl (heute Jachymov) ein großes Silberbergwerk eröffnet. Der dortige Graf wurde vom habsburgischen Kaiser ermächtigt, große Silbermünzen aus dem Metall des Bergwerks zu prägen. Diese werden *Joachimsthaler* oder einfach *Taler* genannt. In der tschechischen Sprache wird das »t« jedoch weicher ausgesprochen und allmählich durch ein »d« ersetzt, sodass alle die Münze »Daler« oder sogar »Dolar« nennen. Als die USA 1792 über den Namen ihrer Währung entscheiden mussten, fiel die Wahl auf das Wort *dolar*. Auf den alten mexikanischen *Reales de a ocho*, die in Amerika weit verbreitet waren, befanden sich die beiden Säulen des Herkules am Ufer der Straße von Gibraltar. Sie stellten das Ende der bekannten Welt dar, und es ist kein Zufall, dass sich auf dem »s« des Dollarzeichens zwei Balken befinden, die an die beiden Säulen erinnern.

BAUMWOLLE

Die Baumwolle selbst ist die Frucht der Pflanze und besteht aus einer Kapsel, die mit bis zu einem halben Zentimeter langen Haaren bedeckt ist. Diese Haare bestehen aus praktisch reiner Zellulose (der Verbindung aus Kohlenstoff, Wasserstoff und Sauerstoff, die die Wände der Pflanzenzellen bildet und auch zur Herstellung von Papier verwendet wird), und aus diesen Knäueln werden Fasern gewonnen. Baumwolle war bereits vor der Entdeckung durch Kolumbus bei den Chinesen, Ägyptern und den Völkern Mittelamerikas bekannt. Sie ist eine Pflanze, die warmes Klima und Wasser braucht, weshalb tropische Gebiete für ihren Anbau ideal sind. Ein Baumwollballen wiegt 217,44 kg; er ist eine Maßeinheit für die Lagerung und den Transport von Baumwolle. Er ist eigentlich ein Quader, ähnlich wie LEGO-Steine, die sich in einem Lagerhaus leicht stapeln lassen. Mit einem Ballen können 249 Blue Jeans oder 1.256 T-Shirts hergestellt werden.

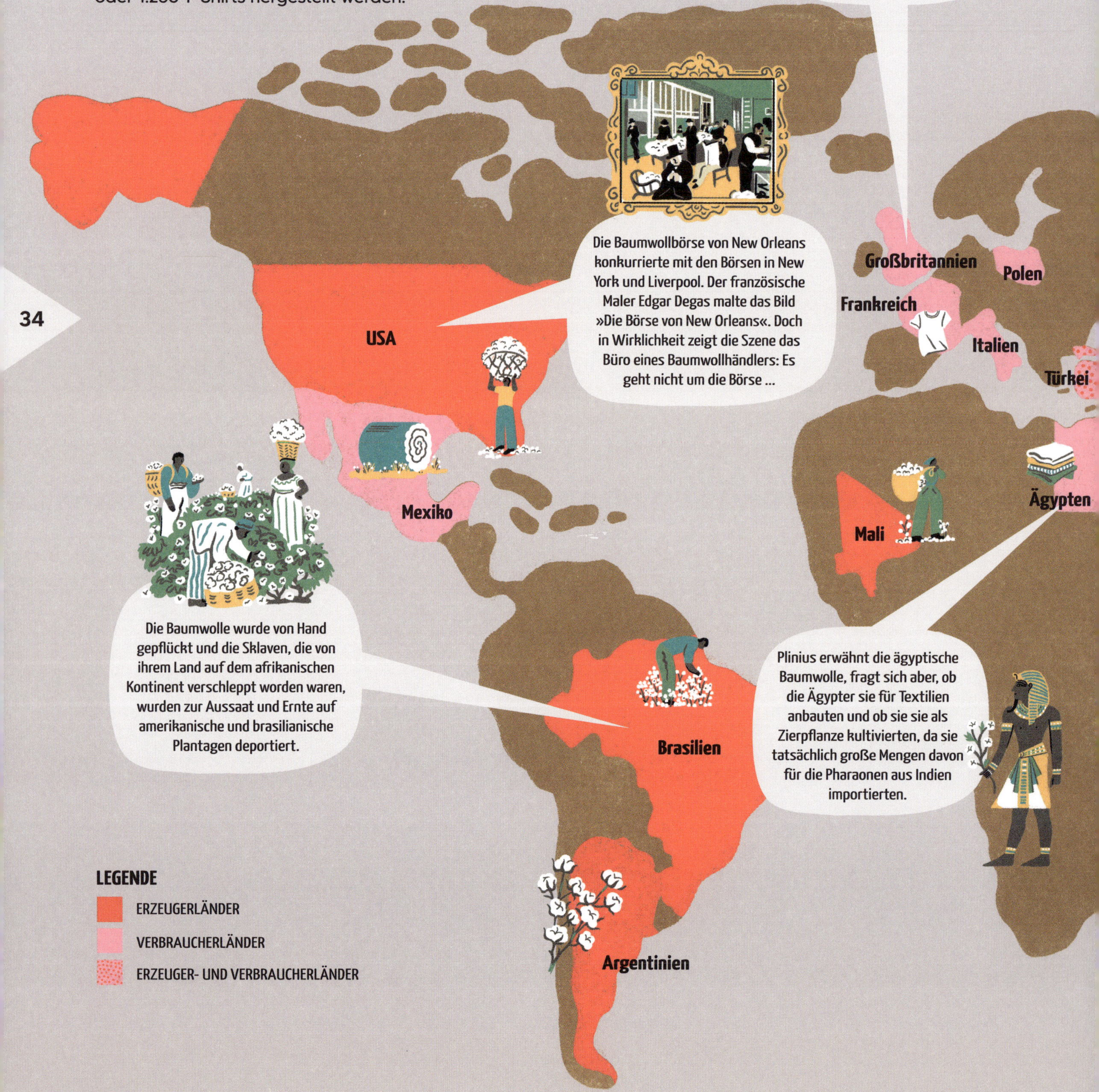

Von der Pflanze … zum Stoff

Baumwolle ist neben Wolle die vom Menschen am meisten genutzte Naturfaser. Sie wird aus einer Pflanze gewonnen, die der Mensch als eine der wenigen seit Jahrhunderten intensiv zu anderen Zwecken als der Ernährung angebaut hat.

1. Mit der Abschaffung der Sklaverei wurde die Baumwollernte nach und nach mit Maschinen durchgeführt, die die Samenkapseln der Pflanze auffangen. Nach der Ernte werden die Samenkapseln durch die Entkörnungsmaschine geführt, die Blätter, Staub und Erde entfernt.
2. Eine weitere Maschine trennt die Fasern ab, die in großen Ballen von 217 kg gesammelt werden; diese werden auf den internationalen Märkten gehandelt.
3. Eine andere Maschine produziert Faserabschnitte von wenigen Zentimetern Länge, die gesammelt und zu Fäden verdreht werden. Diese dienen zum Weben von Stoffen für Kleidung, Bettlaken, Tischtücher, Handtücher, Vorhänge und Hygienematerialien.
4. Da Baumwolle weniger Wärme speichert, kann sie zur Herstellung von Kleidung für warme Jahreszeiten verwendet werden. Neben Textilien wird Baumwolle auch zur Herstellung von Seilen, Verpackungen und Förderbändern verwendet. Aus den Samen kann Öl für Lebensmittelzwecke gewonnen werden. Aus Baumwollzellulose lassen sich Sprengstoffe herstellen, wie z. B. Fulmicotton. Aus ihren Fasern werden hydrophile Baumwolle und Watte hergestellt, die bei der Herstellung von Sesseln, Sofas, Winterdecken sowie bei Gesundheits- und Medizintextilien verwendet werden.

Lange Zeit blieb die Baumwolle ein asiatisches Produkt, insbesondere aus dem indischen Becken, aus dem die Griechen sie importierten. Herodot schreibt: »Die Inder haben eine Pflanzenart, die anstelle von Früchten eine Wolle produziert, die schöner und weicher ist als die von Schafen.«

Kann Baumwolle gegen den Hunger in der Welt helfen?

Baumwollsamen in der Bratpfanne oder gegrillt? Sie könnten in einigen Jahrzehnten Hunderte von Millionen Menschen auf der ganzen Welt ernähren. Tatsächlich haben einige US-Wissenschaftler einen Weg gefunden, sie genießbar zu machen. Ein wenig Salz und ab in die Bratpfanne zum Rösten. Sie wären dann kein Popcorn, sondern Pop-Cotton. Dank der Gentechnik könnte diese in zehn Jahren auf den Tischen der ganzen Welt stehen … und sie schmeckt auch noch gut!

PFEFFER

Pfeffer ist eine Pflanze, deren Früchte getrocknet und als Gewürz verwendet werden. Lange Zeit war Pfeffer sehr teuer: In Europa war zur Zeit der Römer eine Unze Pfeffer eine Unze Gold wert. Heute bekommt man für ein Kilo Gold mehr als 13,3 Tonnen Pfeffer! Aber warum war der Pfeffer damals so teuer? Die Antwort ist einfach: Pfeffer wurde damals hauptsächlich in der Region Malabar im Westen Indiens angebaut und musste mit großen Risiken, hohen Kosten und langen Lieferzeiten bis zu den Mittelmeerhäfen transportiert werden. Die Nachfrage nach Pfeffer ist beträchtlich, da dieses Gewürz in der Pharmazie weit verbreitet ist; es enthält Piperin, eine Substanz, die die Magensäfte und damit die Verdauung anregt, ein starkes antibakterielles Mittel ist und gegen Tumore helfen kann. In verschiedenen Quellen ab dem 5. Jahrhundert wird die Verwendung von Pfeffer bei Augenproblemen empfohlen.

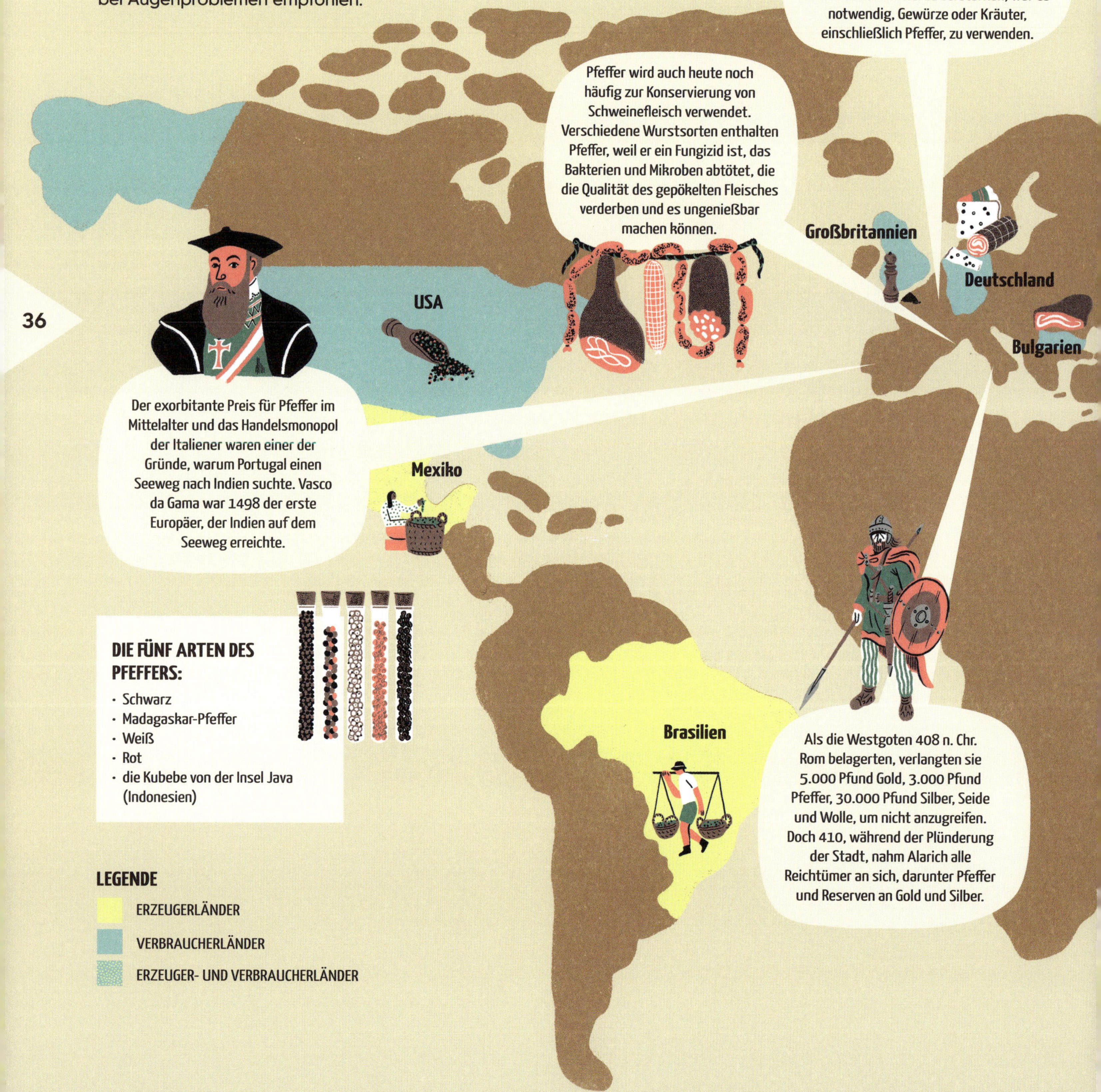

DIE FÜNF ARTEN DES PFEFFERS:

- Schwarz
- Madagaskar-Pfeffer
- Weiß
- Rot
- die Kubebe von der Insel Java (Indonesien)

LEGENDE

- ERZEUGERLÄNDER
- VERBRAUCHERLÄNDER
- ERZEUGER- UND VERBRAUCHERLÄNDER

Von der Pflanze ... zum Gewürz

Eine Pflanze beginnt nach drei Jahren Früchte zu tragen, produziert aber 20 bis 30 Jahre lang weiter. Es gibt verschiedene Arten von Pfeffer.

1. Der schwarze Pfeffer ist der beste; er ist sehr wichtig für den Geschmack, weil er ausgesprochen scharf ist; er wird aus den unreifen Früchten der Pfefferpflanze gewonnen. Die Früchte werden kurz in heißem Wasser blanchiert, um sie zu waschen und für die Trocknung vorzubereiten, die in der Sonne oder in speziellen Trockenräumen erfolgt. Das Aufbrechen des Fruchtfleisches beim Trocknen beschleunigt die Schwärzung des Pfefferkorns. Die Früchte trocknen aus und werden schwarz.
2. Weißer Pfeffer wird in farbigen Soßen bevorzugt, da er die Farbe nicht verändert. Es wird gewonnen, indem die reifen roten Pfefferbeeren etwa eine Woche lang eingeweicht werden, damit sich das Fruchtfleisch zersetzt und leicht entfernt werden kann.
3. Der rosa Pfeffer ist weniger scharf und eignet sich für die Zubereitung von delikateren Soßen; er ähnelt dem schwarzen Pfeffer, wird aber aus einer anderen Pflanzenart gewonnen. Grüner Pfeffer ist sehr aromatisch und wird mit anderen Gewürzen verwendet; es handelt sich um unreife Beeren, die früh geerntet und sehr schnell getrocknet werden, um ihre Farbe zu erhalten; er kann auch in Essig oder Salzlake konserviert werden.
4. Der lange Pfeffer ist eine andere Pflanzenart derselben Familie, aber die Pfefferfrucht wird durch die Vereinigung vieler kleiner Früchte gebildet, von denen jede etwa so groß ist wie ein Mohnsamen. Der lange Pfeffer ähnelt einem kleinen Kolben oder Kegel.

Der Pfefferkrieg

Mit den portugiesischen Eroberungen im indischen Becken zu Beginn des 16. Jahrhunderts gelangten viele Gewürze direkt nach Lissabon, von wo aus sie bis nach Antwerpen verschifft wurden. Venedig geriet in eine schwere Krise, denn der Strom dieser Waren verlief anderswo. Die Stadt reagierte, indem sie Gerüchte über die Qualität des portugiesischen Pfeffers verbreitete, der nach einer langen Reise viele Eigenschaften verlieren würde. 1575 schlug Lissabon Venedig vor, ihm ein Monopol für den Pfefferhandel einzuräumen, was die Serenissima jedoch ablehnte. 1580 geriet Portugal unter die Kontrolle Spaniens und schlug deutschen Kaufleuten zwei Verträge vor: einen über den Transport vom indischen Becken nach Lissabon, der von den mächtigen Bankiers Fugger und Welser akzeptiert wird, und einen über den Vertrieb von Pfeffer in Europa. Doch die Schifffahrt war schwierig und risikoreich, viele Ladungen gehen verloren und nach und nach geben die verschiedenen Kaufleute diese Verträge auf.

Die 7 Nadelöhre des Welthandels

Mehr als 60 % des Welthandels werden über Meerengen abgewickelt … und die sind wirklich eng! Tatsächlich werden 85 bis 90 % der Waren und Rohstoffe per Schiff transportiert. Der Grund dafür ist einfach: Die Transportkosten sind im Vergleich zu Zügen, Lastwagen oder Flugzeugen viel niedriger. Es gibt jedoch strategische Orte auf der Welt, an denen diese »Wasserwege« durch heikle und riskante Stellen führen: natürliche Meerengen und von Menschenhand geschaffene Kanäle. Es gibt mindestens sieben Engpässe, die eine Schlüsselrolle im Weltverkehr spielen … und das nicht nur, weil diese Orte Gebiete diplomatischer und politischer Konfrontation sind. Nicht jedes Schiff kann eine Meerenge oder einen Kanal passieren, denn die Breite der Meerenge ist oft begrenzt, ebenso wie ihre Tiefe. Wenn ein Schiff beladen ist, kann der Teil des Rumpfes, der unter Wasser bleibt, 10 bis 15 m betragen (dies wird als »Tiefgang« bezeichnet), aber wenn das Schiff entladen ist, liegt es höher über dem Wasser (dies wird als »Freibord« bezeichnet), und es muss sich vor Brücken in Acht nehmen.

Die Dardanellen

Benannt nach Dardanus (Sohn des Zeus und der Elektra aus Atlantis, Gründer von Dardania, dem späteren Troja), ist der Meeresarm 61 km lang, aber an seiner engsten Stelle nur 1.200 m breit. Es gibt zwei gegenläufige Strömungen, die den Schiffen zu schaffen machen: Ein Teil des Schiffsrumpfes wird von der leicht salzigen Strömung in Richtung Ägäis gedrückt, der andere, salzhaltigere Teil drückt in die andere Richtung. Im Laufe der Geschichte war diese Meerenge Schauplatz zahlreicher Schlachten und wurde von persischen Truppen auf ihrem Weg nach Griechenland durchquert; weitere Schlachten fanden während der byzantinischen Ära, der Zeit der italienischen Seerepubliken und während des Ersten Weltkriegs statt, als die Briten mit der Invasion von Gallipoli versuchten, die Region zu besetzen.

Der Bosporus

Sie verbindet das Marmarameer mit dem großen Becken des Schwarzen Meeres. Der Name geht auf den Mythos von Io zurück, dem Mädchen, das von Zeus, ihrem Geliebten, in eine Färse verwandelt wurde, um sie vor seiner Frau Hera zu verstecken. »Bosporus« bedeutet daher »Rinderfurt«. Um 5500 v. Chr. war das Schwarze Meer ein Süßwassersee, aber als die Gletscher schmolzen, stieg der Pegel des Marmarameers und das Wasser ergoss sich ins Schwarze Meer … diese Geschichte erinnert an die Arche Noah und die große Sintflut. Die Meerenge ist eine Kerbe zwischen dem europäischen und dem asiatischen Kontinent. Sie ist fast 32 km lang, hat aber eine geringe Tiefe von 40 m. Das größte Problem ist jedoch die Breite: nur 700 m! Aus diesem Grund kommt es häufig zu Unfällen mit Zusammenstößen zwischen Schiffen.

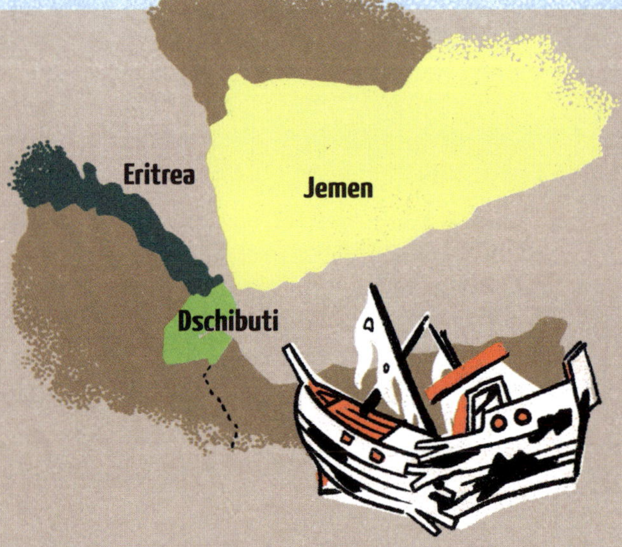

Der Bab al-Mandab

Der Name bedeutet »das Tor der Tränen«, ein Zeichen für tragische Schiffsunglücke. Die Meerenge verbindet das Rote Meer mit dem Golf von Aden und dem Indischen Ozean. Ihre Geschichte ist lang, denn Anthropologen gehen davon aus, dass die ersten Menschen durch diese Meerenge, die vielleicht trocken war oder nur wenig Wasser hatte, von Afrika in die Welt des Nahen Ostens gelangten. Die Meerenge ist 130 km lang und 27 km breit und kann von Schiffen aller Art durchfahren werden. Sie gilt als »gemeinsame« Meerenge, da sich die Hoheitsgewässer der beiden Länder (Dschibuti und Jemen), zu denen die beiden Küsten gehören, überschneiden. Die Meerenge ist sehr wichtig, da zahlreiche Öl- und Gastanker sie durchqueren, um das im Nahen Osten geförderte Öl und Gas nach Europa zu transportieren.

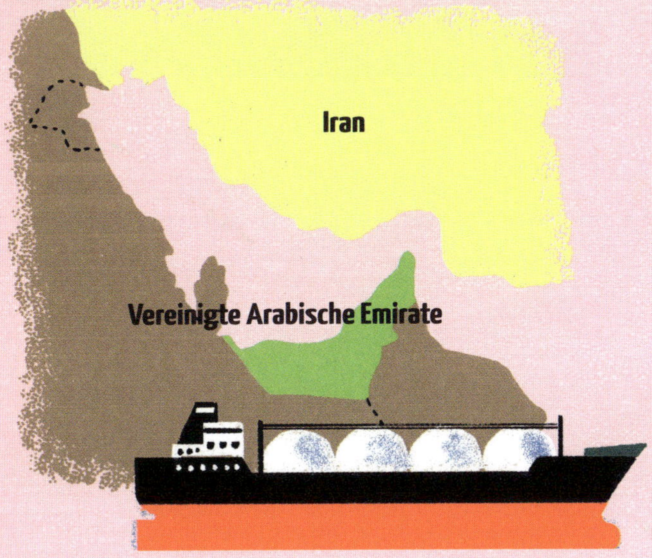

Straße von Hormus

Sie verbindet den Persischen Golf mit dem Golf von Oman und damit mit dem Indischen Ozean. Mit einer Länge von 167 km und einer Breite von 39 km ist der Korridor sehr unregelmäßig tief, sodass die Schiffe eine 2 km breite Fahrrinne für die Einfahrt in den Persischen Golf und eine 2 km breite Fahrrinne für die Ausfahrt aus dem Persischen Golf benutzen müssen. Zwischen den beiden Korridoren gibt es eine neutrale Sicherheitsrinne, die ebenfalls 2 km breit ist. Die Schifffahrt ist sehr komplex und die Regeln müssen mit großer Sorgfalt eingehalten werden, wenn man bedenkt, dass ein Drittel des weltweit geförderten Flüssiggases und ein Fünftel des im Nahen Osten geförderten Öls auf dem Weg nach Asien und in zweiter Linie nach Europa durch die Meerenge fließt.

Die Straße von Malakka

Sie trennt die Malaiische Halbinsel von Sumatra (Indonesien) und ermöglicht die Schifffahrt zwischen dem Indischen Ozean und dem Südchinesischen Meer. Die Meerenge ist 930 km lang und hat eine minimale Breite von 38 km. Der Meeresboden ist sehr gefährlich, denn in bestimmten Abschnitten beträgt die Tiefe nur 25 m, sodass nur Malaccamax-Schiffe mit einem maximalen Tiefgang von 20 m passieren dürfen. Es handelt sich um eine viel befahrene Meerenge, die jedes Jahr von mehr als hunderttausend Schiffen passiert wird. Es wird geschätzt, dass 25 % des jährlichen weltweiten Schiffsverkehrs, 80 % des für China bestimmten Öls und 90 % des für Japan bestimmten Öls durch diese Meerenge fließen.

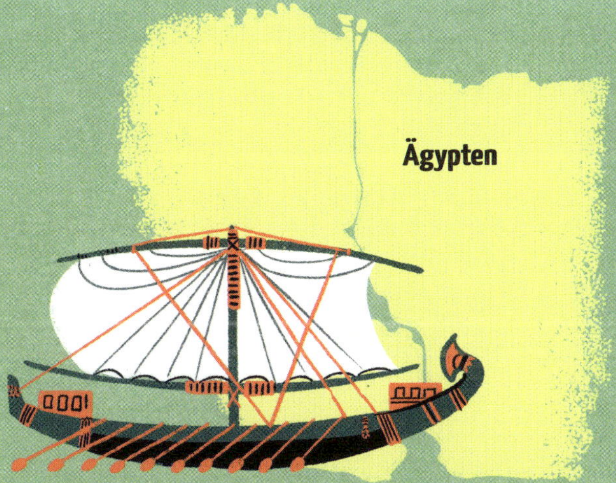

Der Suezkanal

Die Reisezeit wird um 10 bis 12 Tage verkürzt, da die Umrundung Afrikas vermieden wird. Viele Waren und Rohstoffe (Öl, Gas, Getreide und Mineralien) passieren den Suezkanal auf ihrem Weg nach Süd- und Nordeuropa. Bereits zur Zeit der Pharaonen gab es einen kleinen Kanal, der das Rote Meer mit dem Mittelmeer verband, aber erst 1859 begannen größere Bauarbeiten durch den Franzosen Ferdinand de Lesseps nach einem Entwurf des italienischen Ingenieurs Luigi Negrelli. Die Eröffnung des Kanals erfolgte zehn Jahre später. Am 6. August 2015 wurde die Erweiterung eines Teils des Kanals eingeweiht. Durch das Projekt wird der bestehende 164 km lange Kanal um eine neue, 35 km lange zweite Fahrspur erweitert, die es Schiffen ermöglicht, den Kanal in entgegengesetzter Richtung getrennt zu passieren.

Der Panama-Kanal

Man spart die 20 Tage, die man braucht, um Lateinamerika zu umrunden. Mehrere Jahrhunderte lang mussten die präkolumbianischen Menschen und später die europäischen Eroberer den Isthmus von Panama zu Fuß überqueren, was mit großen Risiken und Schwierigkeiten verbunden war (schreckliche Wetterbedingungen, wilde Tiere, Insektenstiche etc). Im Jahr 1534 ordnete der spanische Kaiser Karl V. die Vorbereitung eines Kanalprojekts an, das jedoch nicht zustande kam. Nach dem erfolgreichen Bau des Suezkanals schlug der Ingenieur de Lesseps den Bau eines Kanals zwischen Portobelo (Atlantik) und Panama (Pazifik) vor, der jedoch ein Desaster war. Die Idee wurde von den USA aufgegriffen, die Frankreich die Anteile an der Kanalgesellschaft abkauften und zehn Jahre lang daran arbeiteten. Der Kanal wurde im August 1914 mit einer Länge von 81 km und einer Breite von 152 m an der engsten Stelle eröffnet.

ÖL

Homer spricht in der *Ilias* von Öl, aber er nennt es nicht so; er beschreibt, wie die Trojaner Brandgeschosse auf griechische Schiffe abfeuern, und nennt es »ewiges Feuer«, weil es lange brennt. Marco Polo erzählt auch von den Wundern des Öls. Er beschreibt eine Quelle in der Nähe des Berges Ararat, aus der ein Öl sprudelt, das nicht gegessen, aber verbrannt werden kann. Öl ist, wie wir heute wissen, nichts anderes als ein flüssiges Gemisch verschiedener Kohlenwasserstoffe, d. h. organischer Verbindungen, die in den oberen Schichten der Erdkruste vorkommen und eine primäre Energiequelle darstellen. Eine Tonne Erdöl hat einen höheren Heizwert als Kohle, und derzeit werden pro Tag fast hundert Millionen Barrel gefördert – ebenso viele, wie verbraucht werden. In der Praxis besteht also ein grundlegendes Gleichgewicht zwischen Angebot und Nachfrage.

Saudi-Arabien verfügt nicht nur über große Öllager im eigenen Land, sondern auch über wichtige Anlagen in nordeuropäischen Häfen, z. B. in Rotterdam.

Am 28. August 1859 bohren der Eisenbahnangestellte Edwin Drake und sein Partner William A. Smith in Titusville, Pennsylvania, die erste amerikanische Ölquelle. Doch es ist die Familie Rockefeller, die mit der Gründung von Standard Oil vom Ölboom profitiert.

Ein Barrel (Fass) Öl enthält 42 amerikanische Gallonen (159 Liter); der Name stammt vom französischen baril, dem traditionellen Behälter für französischen Wein, der noch vor dem Hundertjährigen Krieg nach England exportiert wurde.

In den USA wird ein großer Teil des Ölvorrats in alten, stillgelegten Salzminen in Louisiana und Texas gelagert, die an das lokale Pipelinenetz angeschlossen sind.

Die alten Ägypter gehörten zu den Ersten, die eine direkte Beziehung zu Öl hatten; sie verwendeten ein sehr dickflüssiges Öl für die Einbalsamierung ihrer Toten. Dieses dicke Öl wird Mumy genannt. Wenn es auf den Leichnam aufgetragen wird, unterstützt es dessen Konservierungsprozess.

LEGENDE

- ERZEUGERLÄNDER
- VERBRAUCHERLÄNDER
- ERZEUGER- UND VERBRAUCHERLÄNDER

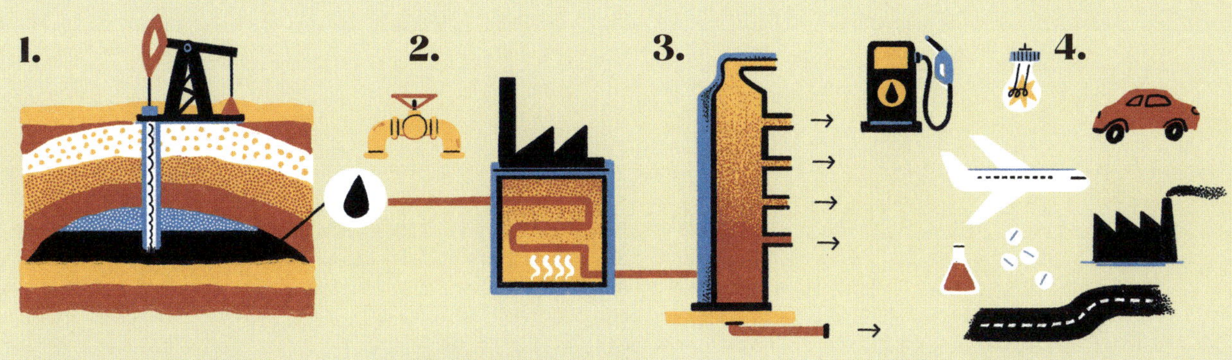

Von der Quelle ... zum Kraftstoff

Erst Mitte des 19. Jahrhunderts wurde in industriellem Maßstab nach Öl gebohrt, und das Öl wurde zu einem wichtigen Konkurrenten der Kohle.

1. Das Öl wird in einer Tiefe von bis zu 6.000 m mit Bohrern gefördert, deren Köpfe aus rohen Diamanten bestehen. Das Öl wird dann mit Tankern oder über Pipelines zu Raffinerien transportiert.
2. Das Rohöl ist ein Gemisch aus Kohlenwasserstoffmolekülen, die getrennt werden müssen; das Öl wird dann in Destillationstürme mit einer Temperatur von 350 Grad geleitet.
3. Die Destillation findet in großen Industrietürmen statt, in denen das Rohöl über riesige Platin- und Palladiumplatten läuft. Dabei wird eine kleine Menge Gas gewonnen, dann Benzin für Autos, Kerosin für die Luftfahrt, Diesel für Lastwagen, Traktoren und Schiffe und schließlich Schweröl. Ein fester Teil bleibt übrig: das Bitumen, mit dem die Straßen geteert werden.
4. All diese Produkte werden als Kraftstoffe für den Verkehr, zum Heizen von Häusern und Büros, zur Stromerzeugung, zur Herstellung von Polymeren für die Textilindustrie, für Kunststoffe, in Autos, in der Pharmazie, in Farbstoffen und in verschiedenen chemischen Bereichen verwendet.

1854 nahm der polnische Apotheker und Chemiker Ignacy Łukasiewicz in der Nähe von Krosno in Südostgalizien die erste Ölquelle in Betrieb. Im Jahr zuvor hatte er die erste moderne Öllampe (Petroleumlampe) erfunden.

Schon vor der römischen Besatzung war Petra der große Bitumenmarkt des gesamten Mittelmeerraums. Es wird zum Abdichten von Schiffen verwendet; tatsächlich empfiehlt Gott Noah, seine Arche mit Bitumen zu salben ... wie wir in der Bibel lesen.

Öl rettet die Wale

Die Entwicklung der Erdölindustrie führte dazu, dass die Walfangindustrie kein tierisches Öl mehr produzierte, das in der Industrie zum Schmieren aller Maschinen, in Werkstätten, bei der Eisenbahn, für Waffen und Kanonen, als Brennstoff für Öllampen und zur Seifenherstellung verwendet wurde. Nicht zu vergessen die Walknochen, die für Frauenkorsetts, Sonnenschirme und die Griffe der Peitschen für Fuhrleute verwendet wurden! Alles, was vom Wal stammt, wurde verwendet: Diese Industrie war die fünftgrößte in den USA, und die Krise, die durch die Entdeckung von Öl in Pennsylvania ausgelöst wurde, betraf vor allem die Region Boston. Amerikanische Fischer jagten im Durchschnitt 15.000 Wale pro Jahr, was katastrophale Auswirkungen auf die weltweite Walpopulation hatte. So gesehen können wir sagen, dass das Öl die Wale gerettet hat!

SOJA

Soja ist eine als Nahrungsmittel angebaute Pflanze, deren Samen einen hohen Nährwert haben. In China wurde Soja bereits vor 5.000 Jahren kultiviert; sie wurde *Ta Teou*, »große Bohne«, genannt und gehörte zusammen mit Reis, Weizen, Gerste und Hirse zu den fünf heiligen Pflanzen. Lange Zeit ernährte sie die asiatischen Völker, erst zu Beginn des 18. Jahrhunderts wurde sie in Europa und erst ein Jahrhundert später in Amerika bekannt. Es handelt sich also um eine typisch asiatische Pflanze, aber zu den größten Erzeugern gehören derzeit Brasilien, gefolgt von den USA und Argentinien, China und Indien.

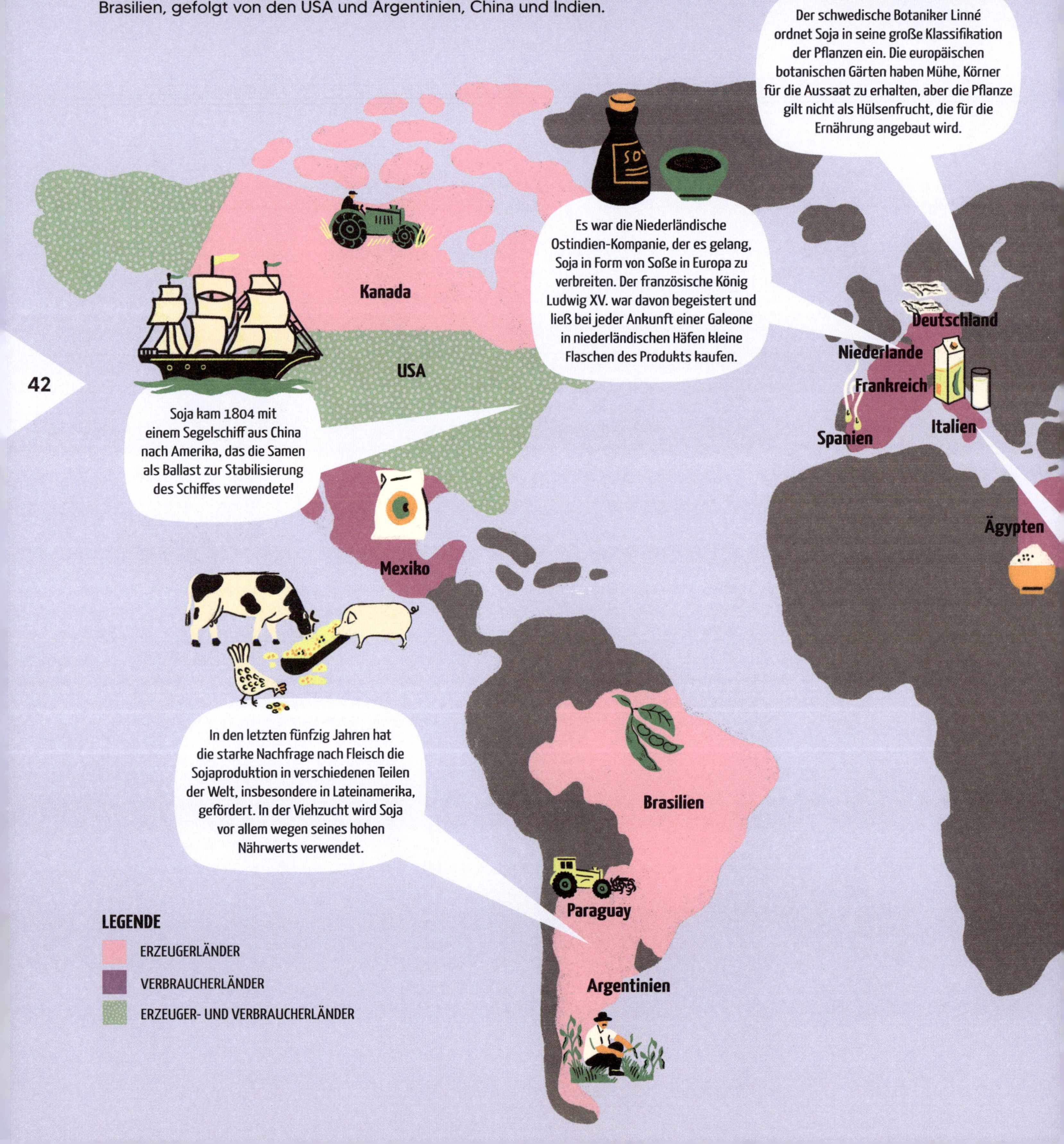

Vom Samen ... zur Soße

Soja ist die Hülsenfrucht mit dem höchsten Proteingehalt im Pflanzenreich. Sie enthält Mineralien, darunter Kalzium, Phosphor und Kalium.

1. Soja wird auf der Nordhalbkugel jährlich im Frühjahr ausgesät. Die Früchte werden dann im Spätsommer geerntet, während er auf der Südhalbkugel im Herbst ausgesät und im Frühjahr geerntet wird.
2. Sojaschoten werden geerntet, wenn viele Blätter der Pflanze abgefallen sind. Die Erntemaschinen gewinnen automatisch das Endprodukt, die Sojabohnen.
3. Jede Sojabohne wird zerkleinert, um Mehl und Öl zu gewinnen, und aus dem Rückstand wird Sojakuchen für Tierfutter hergestellt.
4. Soja wird in verschiedenen Formen verzehrt: Sojasprossen aus der frisch gekeimten Pflanze; Sojamehl, das durch Mahlen der Samen gewonnen wird; Sojamilch, die durch Einweichen der Samen in Wasser hergestellt wird; Sojaöl, das heiß und chemisch extrahiert wird; Joghurt; Eiscreme; und Sojafleisch, das aus entfettetem, chemisch behandeltem und umstrukturiertem Sojamehl hergestellt wird.

Die asiatische Bevölkerung hat große Schwierigkeiten, Milchprodukte (Milch, Käse, Joghurt) zu verdauen. Aus diesem Grund wird in Asien Tofu hergestellt, dessen Konsistenz der von Frischkäse ähnelt und der durch die Gerinnung von Molke gewonnen wird, die durch die Fermentation von Sojabohnen entsteht.

Einer der ersten Europäer, der über die Existenz von Soja berichtete, war Francesco Carletti, ein Florentiner Kaufmann und großer Reisender. Er nennt Soja mit dem japanischen Namen *misol* (vom Namen miso) und erwähnt es in einem seiner Bücher (*I Ragionamenti*), das erst 1701 in Italien veröffentlicht wurde.

Ein Plastikauto – aus Soja

1935 forderte Henry Ford seine Ingenieure auf, »Sojakunststoff«-Komponenten für die Herstellung von Autos einzuführen: Zu dieser Zeit enthielten die Autos etwa einen Scheffel (27,2 kg) Soja. Die Ingenieure des Unternehmens entwarfen sogar eine Karosserie, die vollständig aus Soja bestand! Das Modell des Wagens wurde am 13. August 1941 vorgestellt, aber es blieb ein Prototyp, der nie auf die Straße kam und in die Sammlung des Ford-Museums aufgenommen wurde. Die Karosserie des Wagens wog 1.000 Pfund statt der 2.000 Pfund, die eine Eisenkarosserie damals auf die Waage brachte. Aber Fords Idee wurde später weithin angewandt: Viele Teile des Autos, die früher aus Metall bestanden, sind heute aus Kunststoff (diesmal aus Erdöl gewonnen... nicht aus Soja!), um das Gewicht des Autos zu reduzieren.

GRÜNE ENERGIE

Grüne Energien sind Energien, deren Erzeugung mit einer nachhaltigen Entwicklung verbunden ist. Es handelt sich um Energien, die keine fossilen Brennstoffe verwenden, wie z. B. Solar- und Windenergie. Erstere wurde in den Labors des amerikanischen Unternehmens Bell entdeckt, wo drei Wissenschaftler 1954 die erste Silizium-Solarzelle entwickelten. Die erste Windmühle hingegen stammt aus Persien, etwa 3.000 Jahre vor Christus. Sie wurde von Konstruktionen getragen, die auf dem Turm einer Burg oder auf einer Bergspitze errichtet wurden. Der Vorteil einer Photovoltaikanlage oder einer Windturbine besteht darin, dass sie von kostenlosen Energiequellen wie Sonne und Wind abhängen.

Das höchste Windrad der Welt befindet sich in Deutschland, in Gaildorf bei Stuttgart, und ist 246,5 m hoch. Bei diesem wird eine Windkraftanlage mit einem Pumpspeicherkraftwerk kombiniert. Dabei werden die Fundamente der Windräder als Wasserspeicher genutzt.

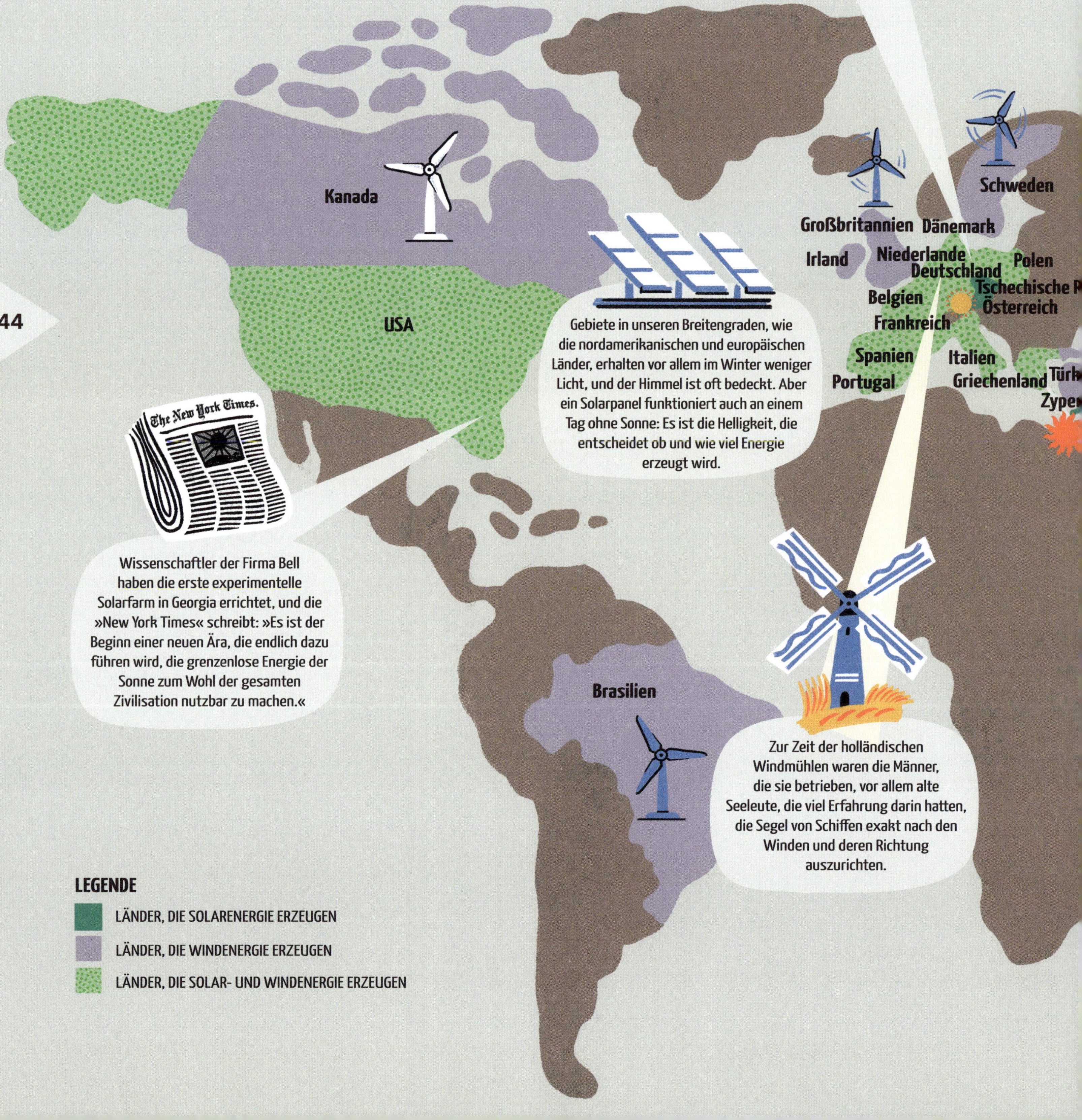

Gebiete in unseren Breitengraden, wie die nordamerikanischen und europäischen Länder, erhalten vor allem im Winter weniger Licht, und der Himmel ist oft bedeckt. Aber ein Solarpanel funktioniert auch an einem Tag ohne Sonne: Es ist die Helligkeit, die entscheidet ob und wie viel Energie erzeugt wird.

Wissenschaftler der Firma Bell haben die erste experimentelle Solarfarm in Georgia errichtet, und die »New York Times« schreibt: »Es ist der Beginn einer neuen Ära, die endlich dazu führen wird, die grenzenlose Energie der Sonne zum Wohl der gesamten Zivilisation nutzbar zu machen.«

Zur Zeit der holländischen Windmühlen waren die Männer, die sie betrieben, vor allem alte Seeleute, die viel Erfahrung darin hatten, die Segel von Schiffen exakt nach den Winden und deren Richtung auszurichten.

LEGENDE

- LÄNDER, DIE SOLARENERGIE ERZEUGEN
- LÄNDER, DIE WINDENERGIE ERZEUGEN
- LÄNDER, DIE SOLAR- UND WINDENERGIE ERZEUGEN

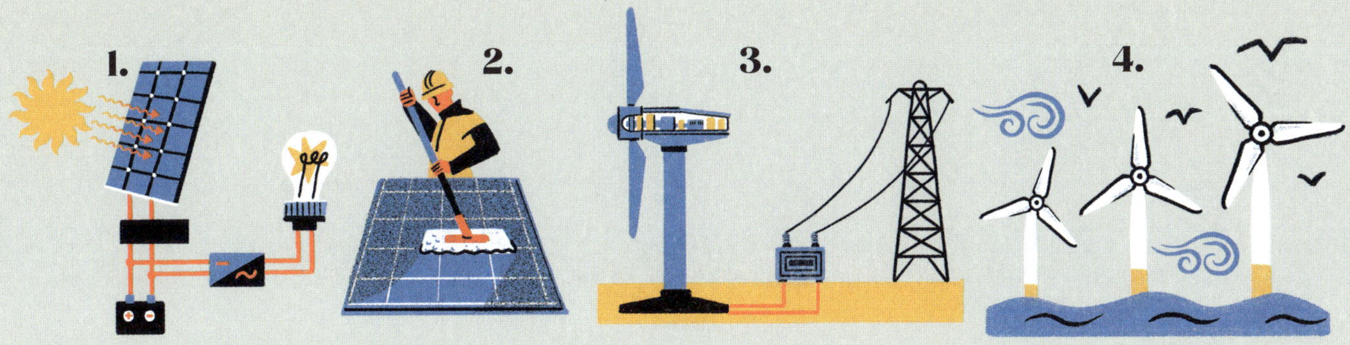

Von Sonne und Wind ... zur Energie

Grüne Energien werden aus sauberen Energiequellen gewonnen, aber auch hier kann es Probleme geben.

1. Das photovoltaische Solarmodul besteht aus Siliziumzellen, die, wenn sie durch die elektromagnetischen Wellen der Sonne angeregt werden, Elektronen freisetzen. Auf diese Weise erzeugen sie einen Gleichstromfluss, der über einen Konverter in Wechselstrom umgewandelt wird, der für den Haushalt nützlich ist.
2. Allerdings müssen die Paneele mit speziellen Wischern gewartet werden, da vom Wind verwehte Sandkörner die Leistung des Systems verringern.
3. Windkraftanlagen erzeugen mit dem Wind eine Drehbewegung, d. h. mechanische Energie. An der Spitze ist ein Generator angebracht, der diese mechanische Energie durch miteinander wechselwirkende Magnete in elektrische Energie umwandelt.
4. Viele Windparks befinden sich im Meer, um die natürliche Landschaft nicht zu verändern und den Lärm der Anlagen zu reduzieren. Es bleibt jedoch das Problem, dass Wildvögel mit den Rotorblättern kollidieren. Außerdem muss es immer Wind geben, denn wenn er fehlt, funktioniert die Anlage nicht.

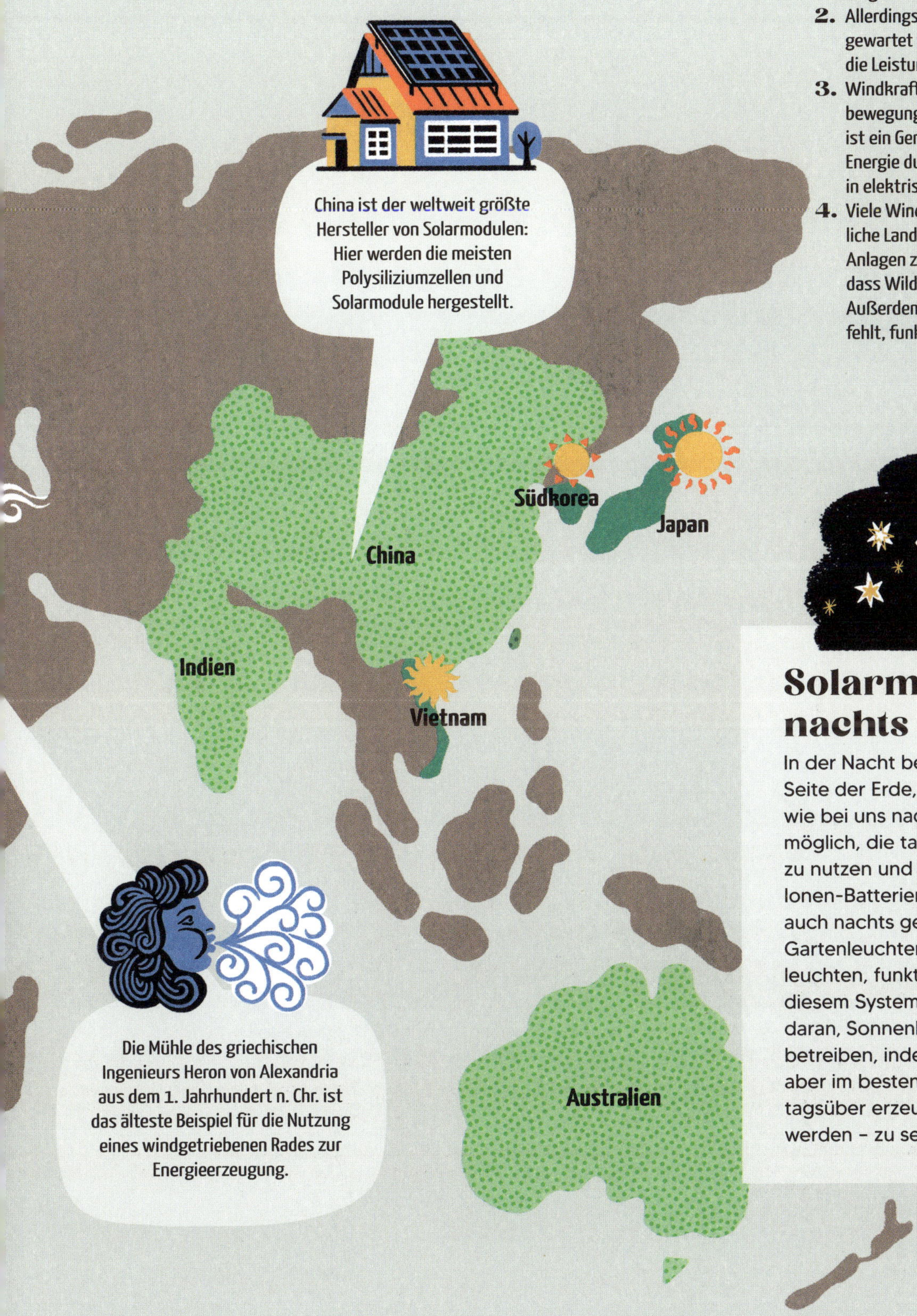

Solarmodule schlafen nachts

In der Nacht beleuchtet die Sonne die andere Seite der Erde, sodass die Sonnenkollektoren wie bei uns nachts ruhen. Es ist jedoch möglich, die tagsüber erzeugte Solarenergie zu nutzen und sie in Geräten wie Lithium-Ionen-Batterien zu speichern, sodass sie auch nachts genutzt werden kann. Viele Gartenleuchten, die am späten Abend leuchten, funktionieren zum Beispiel mit diesem System. Wissenschaftler arbeiten daran, Sonnenkollektoren auch nachts zu betreiben, indem sie Infrarotlicht verwenden, aber im besten Fall kann ein Viertel der tagsüber erzeugten Energie gewonnen werden – zu sehr hohen Kosten.

Der schwarze Stein und die römischen Bäder

Die Römer förderten nur wenig Kohle, die sie in Gallien, Britannien und einigen germanischen Regionen fanden. Sie beuteten Tagebaue aus und nutzten die Kohle vor Ort (*carbo* vom griechischen *karpho*, was »trockener Körper« bedeutet) zum Schmieden von Waffen und landwirtschaftlichen Geräten, zum Erhitzen von Mahlzeiten und Häusern, aber vor allem zum Betrieb von Hypokausten. Dabei handelt es sich um die ausgeklügelten Heizsysteme der Bäder, die mithilfe des Fußbodens und viel Energie das Wasser des *Calidariums* (das sehr heiße Wasserbad) und des *Tepidariums* (das lauwarme Wasserbad) erwärmten. Aber nicht nur das, denn auch Kohle (soweit vorhanden) und vor allem Holzkohle (durch Verbrennung von Bäumen gewonnen) wurden verwendet, um den Dampf im *Sudarium* (Dampfkammer) und die warme, aber trockene Luft im *Laconicum* zu erzeugen, und in den Bädern gibt es auch eine Kammer mit einem Becken, in dem das Wasser eiskalt ist. Das Wasser wird aus Schnee gewonnen, der während des Winters in sehr tiefen Brunnen eingelagert wird, die sich in nicht sonnigem Gelände befinden. Dieser Schnee, der oft in Form von Eis gelagert wird, wird auch zur Herstellung von Eiscreme und Eiszapfen für Kaiser und Hof verwendet.

KAUTSCHUK

Naturkautschuk stammt von einer Pflanze, aus der Latex gewonnen wird. Die ersten Aufzeichnungen über Kautschuk stammen aus dem Jahr 1500, als Spanier, die aus der Neuen Welt zurückkehrten, berichteten, dass die Eingeborenen Kautschuk aus einer in den Regenwäldern wachsenden Pflanze gewannen. Sie behaupteten auch, dass die Eingeborenen dieses seltsame Produkt um ihre Füße wickelten, um sie zu schützen, und um die Taschen, mit denen sie Lebensmittel transportierten, um sie wasserdicht zu machen. Mit der Zeit steigt die Nachfrage nach Naturkautschuk für Autos, Züge und U-Bahnen sowie für verschiedene Anwendungen im Haushalt explosionsartig an. Daraufhin suchen die Unternehmen nach einer Alternative zu Naturkautschuk: synthetischer Kautschuk. Synthetischer Kautschuk wird aus Erdöl hergestellt und kann verformt werden, ohne Schaden zu nehmen.

Von der Pflanze ... zum Gummi

Die Kautschukindustrie entwickelte sich in der zweiten Hälfte des 19. Jahrhunderts, als man entdeckte, wie man Kautschuk elastisch und verformbar machen kann. Aber Kautschuk ist schwer zu bearbeiten und reagiert sehr empfindlich auf Temperaturschwankungen ... und er stinkt!

1. Ein Kautschukbaum kann bis zu 40 m hoch werden. Wenn er sechs Jahre alt ist, beginnt die Latexgewinnung.
2. Um den Austritt des Milchsaftes zu erleichtern, wird ein schräger Einschnitt in die Rinde in einer Höhe von etwa 150 cm vorgenommen, ohne den verholzten Teil zu erreichen, wobei ein Teil des Stammes intakt bleibt, um das Wachstum des Baumes nicht zu stören.
3. Der gewonnene Latex wird anschließend getrocknet, ist aber nicht verwendbar; durch einen Prozess des Mastizierens (d. h. Zerreißen von Blöcken aus Rohgummi) und Vulkanisierens (d. h. Eintauchen der zerkleinerten Gummiblätter in geschmolzenen Schwefel) wird er buchstäblich geschmolzen und geformt.
4. Kautschuk wird daher in Autoreifen, Schuhen und Stiefeln, Kleidung, Federungen, Isolierungen, rutschfesten Matten, Tennisbällen, Schläuchen für verschiedene Anwendungen, wie z. B. U-Boot-Schläuchen und Dichtungen verwendet.

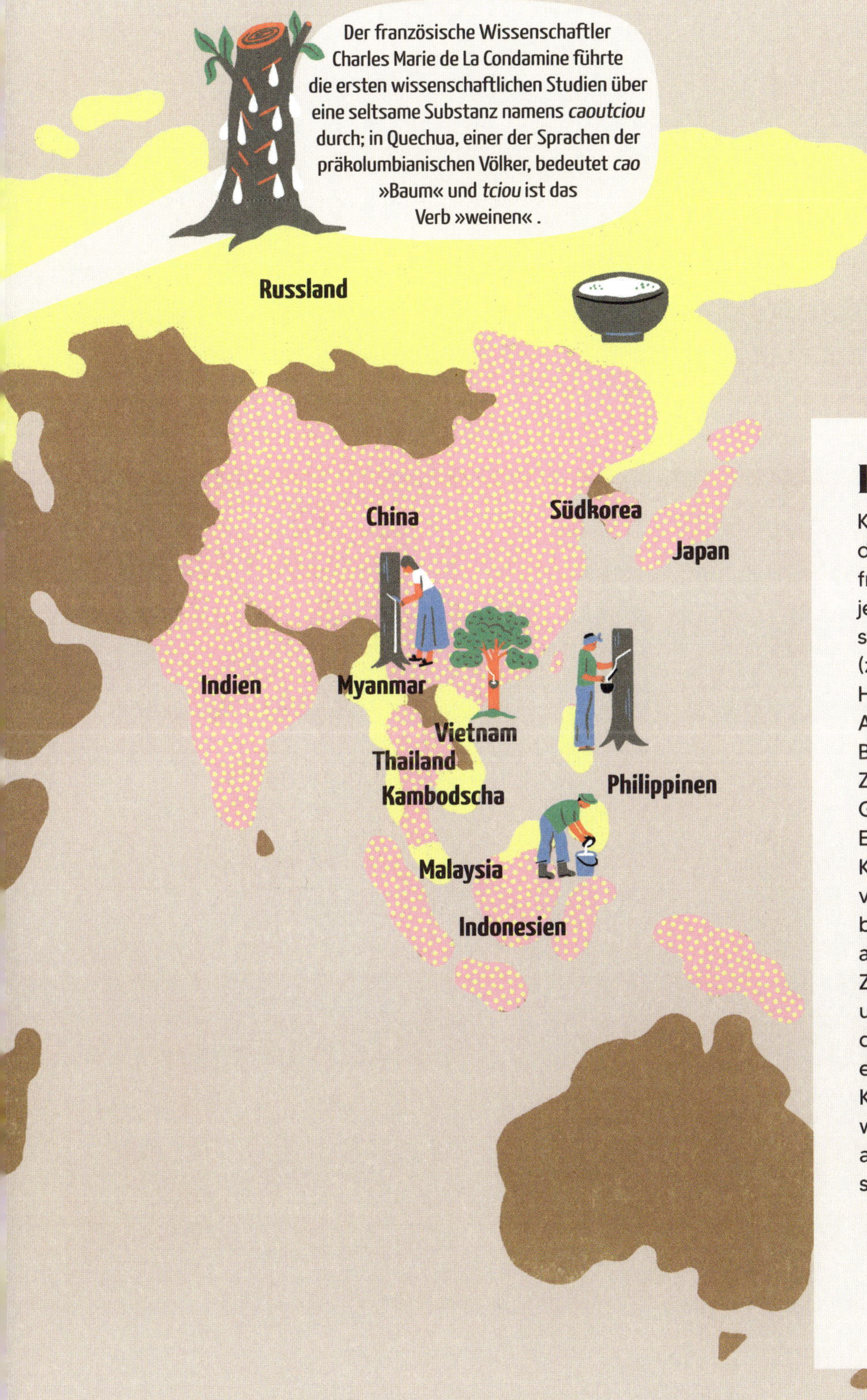

Erdöl in Kaugummi

Kaugummi wird aus Chicle hergestellt, d. h. dem Milchsaft der Sapota, den die Maya in früheren Zeiten kauten. Ein großer Teil wird jedoch aus synthetischen Substanzen hergestellt, die aus Erdöl gewonnen werden (z. B. Polyvinylacetat und Butylkautschuk). Heute werden diesen beiden Kautschukarten Aromen, Säuren und Farbstoffe zugesetzt. Beim Kauen lösen sich die Aromen und der Zucker auf, während der feste Teil, der aus Gummi und Kunstharzen besteht, intakt bleibt. Es waren amerikanische Soldaten, die den Kaugummi in Europa und der ganzen Welt verbreiteten. Ihre Verpflegungsrationen, die berühmten »K«-Rationen, enthielten nämlich auch Kaugummi, der zwei Funktionen hatte. Zum einen diente er der Speichelproduktion und damit der Zahnhygiene, zum anderen dem Stressabbau der Soldaten im Kampfeinsatz. Seltsamerweise werden die meisten Kaugummis in Europa konsumiert, während die USA nur an sechster Stelle stehen.

ZUCKER

Das Wort »Zucker« stammt vom Sanskrit-Wort *śarkarā* ab, das ursprünglich Sand oder Kieselsteine bedeutete. Es waren die Soldaten Alexanders des Großen, die den Europäern den Zucker bekannt machten. Wahrscheinlich stammt das Zuckerrohr aus Polynesien und verbreitete sich über Indien, wo es vor mehr als 4.000 Jahren angebaut wurde, nach Südasien, Südchina und nach und nach in den Nahen Osten. Die Chinesen und die Araber interessierten sich besonders für den Anbau von Zucker und verbesserten die Techniken der landwirtschaftlichen Produktion und der Verarbeitung des Zuckerrohrs. Zuckerrohr kann entweder als Lebensmittel für den unmittelbaren Verzehr verwendet werden, indem man seinen Saft extrahiert, oder für die Herstellung des weltweit beliebtesten Süßungsmittels: Zucker.

Königin Elisabeth I. ist begeistert von Zucker, sie isst große Mengen davon und ihre Zähne sind von zahlreichen Löchern und schwarzen Flecken befallen; um die Königin nicht bloßzustellen, malen sich auch die Hofdamen schwarze Flecken auf die Zähne, um so zu tun, als hätten sie die gleichen Probleme.

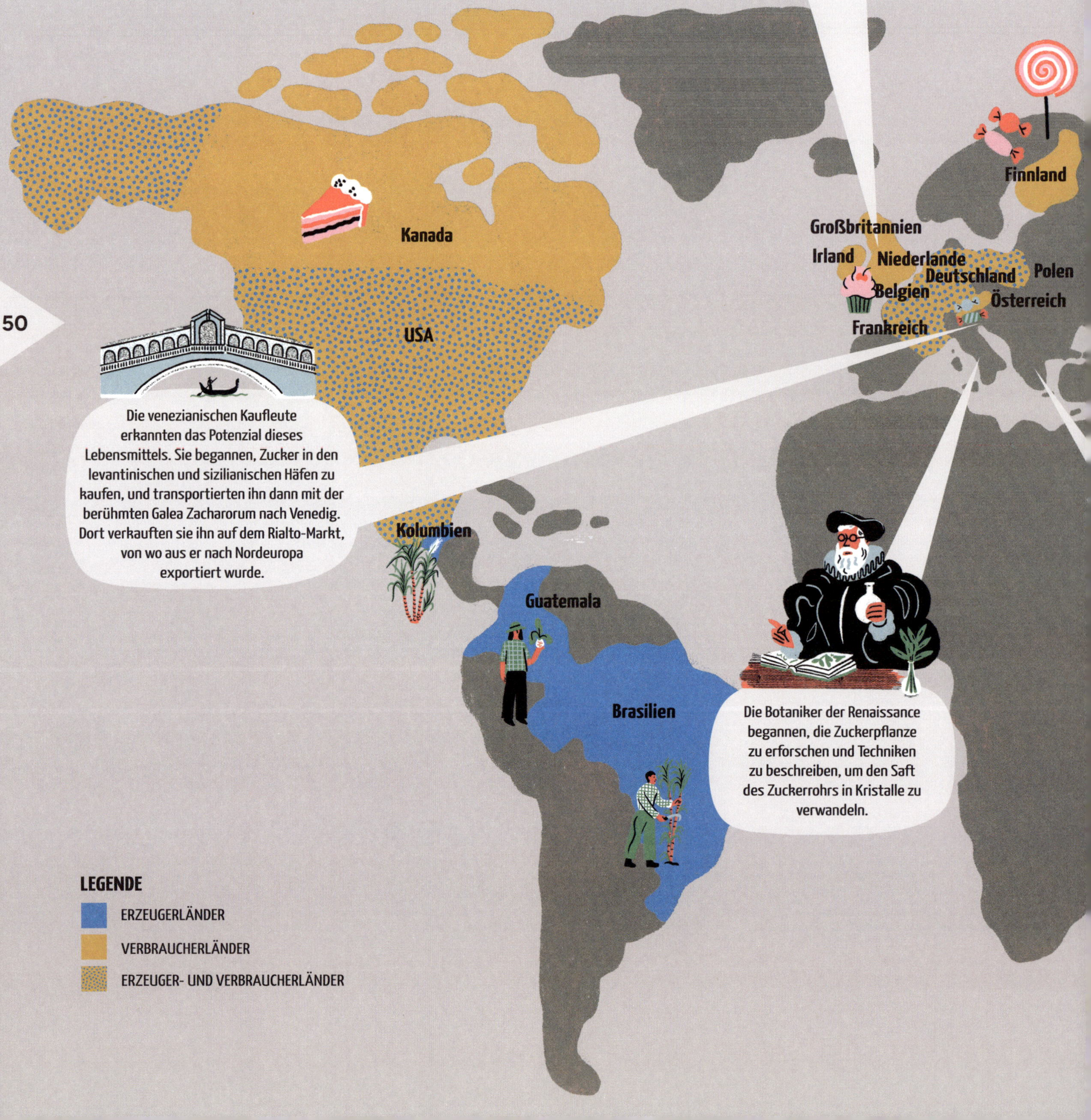

Vom Rohr ... zum Würfelzucker

Rübenzucker und Rohrzucker sind ein und dasselbe Produkt, auch wenn das Marketing der Zuckerfabriken den Eindruck erweckt, es handele sich um zwei verschiedene Produkte. In beiden Fällen muss die Saccharose extrahiert werden.

1. Zuckerrohr enthält 7-18 % Saccharose (nach Gewicht) und Rüben 8-22 %. Zunächst wird ein Saft hergestellt, der nur 15 % Saccharose enthält.
2. Dieser Saft wird dann durch Abtrennung der Melasse, einer sehr bitteren dunklen Flüssigkeit, konzentriert. Die Rüben müssen jedes Jahr neu ausgesät werden; das Zuckerrohr kann nach der Aussaat 5-7 Mal geschnitten werden, was wesentlich kostengünstiger ist.
3. Anschließend wird das Endprodukt hergestellt: Streuzucker, Würfel, Klumpen. Die Färbung zur Herstellung von Rohrzucker oder Rohzucker erfolgt mit natürlichen Farbstoffen. Aber »weißer« oder »brauner« Zucker wird gleichermaßen aus Rüben oder Rohr hergestellt.
4. Zucker wird auch in Soßen, Fertigprodukten, Kosmetika, Getränken, Düngemitteln für frische Blumen, Insektiziden verwendet ... und im Kino: Gläser, die zerbrochen werden müssen, sind aus Zucker, damit die Schauspieler nicht verletzt werden.

Der Zucker des Christoph Kolumbus

Christoph Kolumbus schrieb 1494: »Von Zuckerrohr habe ich nicht so viel mitgebracht, wie ich gerne gehabt hätte. Ich habe den großen Wunsch, dass es in Hülle und Fülle vorhanden sein sollte. Hier gibt es Land, um Plantagen damit anzulegen.« Kolumbus ist auf seiner zweiten Reise nach Westindien unterwegs, als er sich mit zwanzig Pferden und einer Menge Zuckerrohr einschifft, das auf den spanischen Inseln im Atlantik, den Kanaren, wächst. Der Seefahrer hofft, dass sich diese Pflanzen in den tropischen Regionen Indiens leicht vermehren können, da er immer noch glaubt, in Asien angekommen zu sein und nicht einen neuen Kontinent entdeckt zu haben. Doch dazu brauchen sie viel Wasser und menschliche Arbeitskraft. Zunächst werden einheimische Sklaven eingesetzt, später beschäftigen die Kolonialherren Menschen, die sie im Rahmen des traurigen Dreieckshandels aus Afrika mitbringen. Der Zucker wird dann von den Schiffen der europäischen Kaufleute nach England, Spanien und Frankreich gebracht, wo verschiedene Städte von diesem Handel profitieren.

WASSER

Ozeane, Meere, Seen und Flüsse bedecken 71 % der Erdoberfläche, aber Wasser macht nur ein Promille des Volumens des Planeten aus, und nur 3 % des gesamten Wassers auf der Erde sind trinkbar, während die restlichen 97 % Salzwasser sind! Von diesen 3 % ist weniger als 1 % tatsächlich nutzbar, denn ein Großteil des Wassers liegt in Form von Eis vor, insbesondere in den Polargebieten. Wasser kommt in drei verschiedenen Formen vor: flüssig, fest (Eis und Schnee) und als Wasserdampf (Wolken), aber wenn man das Meerwasser aus der Liste herausnimmt, bleibt nur sehr wenig übrig. Außerdem ist Wasser inzwischen eine Maßeinheit. Ein Kubikmeter Wasser wiegt eine Tonne, ein Liter Wasser wiegt ein Kilogramm. Außerdem wurde Wasser zur Messung von Temperaturen herangezogen: Auf der Celsius-Skala bezeichnet Grad Null die Temperatur, bei der Wasser gefriert, und die Temperatur von 100 Grad ist die Temperatur, bei der Wasser seinen flüssigen Zustand verlässt und zu Wasserdampf wird.

Die Römer gingen mit dem Problem der Abwässer immer sehr rational um. Die große Kloake war in der Tat ein großer Abwasserkanal, in dem das Schmutzwasser entsorgt wurde. Die Wiederverwendung von Wasser wird in den kommenden Jahren ein heißes Thema werden.

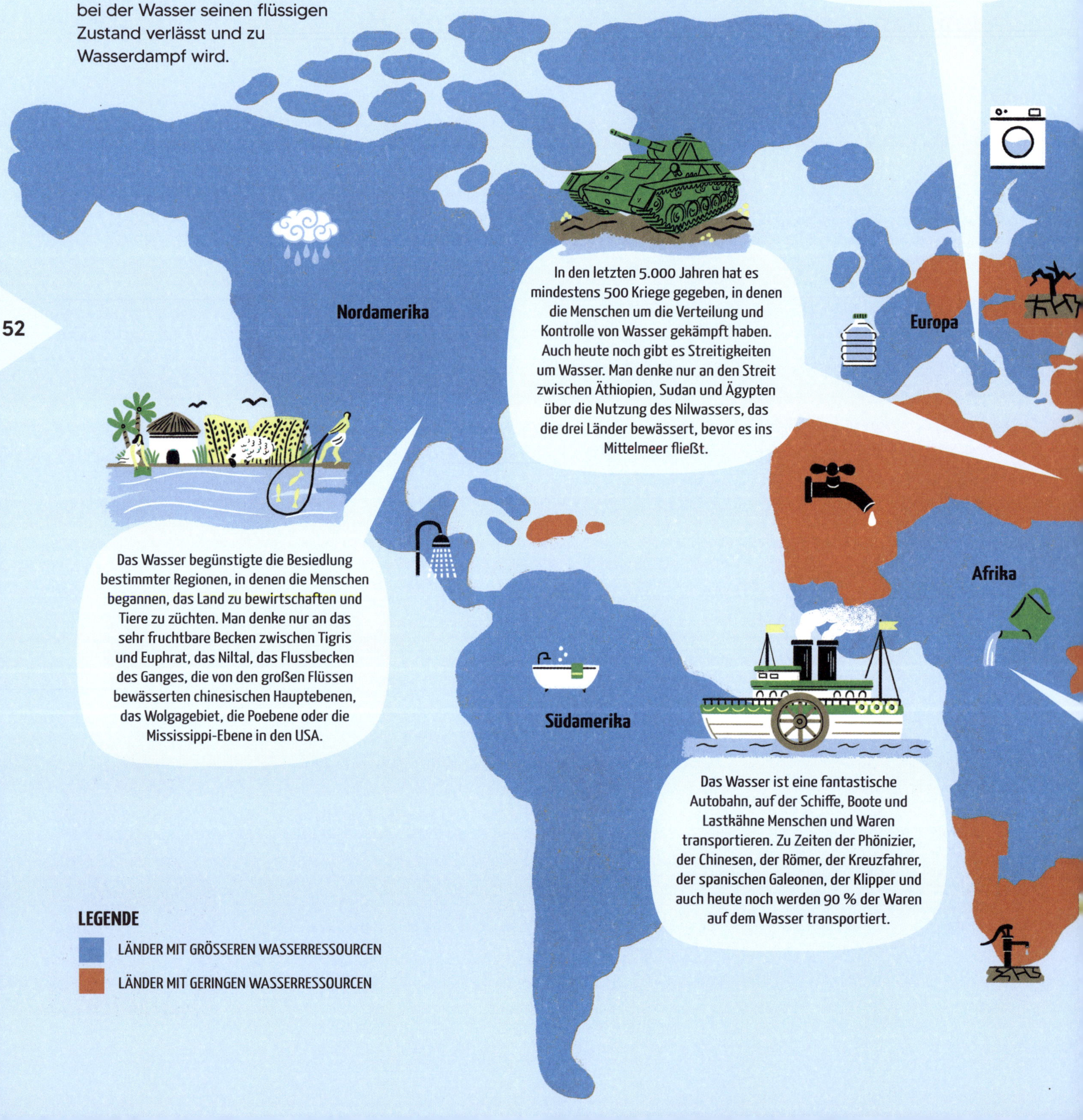

In den letzten 5.000 Jahren hat es mindestens 500 Kriege gegeben, in denen die Menschen um die Verteilung und Kontrolle von Wasser gekämpft haben. Auch heute noch gibt es Streitigkeiten um Wasser. Man denke nur an den Streit zwischen Äthiopien, Sudan und Ägypten über die Nutzung des Nilwassers, das die drei Länder bewässert, bevor es ins Mittelmeer fließt.

Das Wasser begünstigte die Besiedlung bestimmter Regionen, in denen die Menschen begannen, das Land zu bewirtschaften und Tiere zu züchten. Man denke nur an das sehr fruchtbare Becken zwischen Tigris und Euphrat, das Niltal, das Flussbecken des Ganges, die von den großen Flüssen bewässerten chinesischen Hauptebenen, das Wolgagebiet, die Poebene oder die Mississippi-Ebene in den USA.

Das Wasser ist eine fantastische Autobahn, auf der Schiffe, Boote und Lastkähne Menschen und Waren transportieren. Zu Zeiten der Phönizier, der Chinesen, der Römer, der Kreuzfahrer, der spanischen Galeonen, der Klipper und auch heute noch werden 90 % der Waren auf dem Wasser transportiert.

Aus dem Meer ... ins Glas

Wasser ist ein wesentlicher Rohstoff für das menschliche Leben, und die Erde ist eine riesige Anlage, die Wasser recycelt.

1. Die Sonne lässt Wasser aus den Ozeanen, Meeren, Seen und Flüssen verdunsten.
2. Es bilden sich Wolken, die in verschiedenen Regionen Regen bringen.
3. Gebirgsbäche und Flüsse im Tiefland sind dafür verantwortlich, all das Wasser, das vom Himmel fällt, zum Meer und zu den Ozeanen zurückzutransportieren, Felder zu bewässern, Menschen zu ernähren und das Leben in den Städten und Fabriken zu ermöglichen.
4. Der Mensch nutzt Wasser, um sich zu ernähren und seinen Durst zu stillen, um seine Mahlzeiten zu kochen, für die Körperpflege und zum Waschen seiner Kleidung, auch zur Reinigung der Räume, in denen er lebt und arbeitet. Aber auch Tiere werden damit gefüttert, getränkt und gewaschen. Wasser wird in großem Umfang in der Landwirtschaft, bei der Herstellung von Lebensmitteln und in der Industrie sowie zur Erzeugung von Strom aus Wasserkraft genutzt.

Der Planet Erde verfügt über ein praktisch konstantes Volumen an Wasser, das recycelt wird ... aber 1950 lebten hier 2,5 Milliarden Menschen, heute sind es 8 Milliarden. Mit anderen Worten: Die Wasserflasche auf dem Tisch ist immer noch dieselbe, aber die Zahl der Gäste am Tisch hat sich mehr als verdreifacht!

Nicht alle Länder verfügen über die gleiche Menge an Wasser: Im Durchschnitt hat eine US-Bürgerin oder ein US-Bürger mehr als 600 Liter Wasser pro Tag, eine Europäerin oder ein Europäer mehr als 400 Liter zur Verfügung ... aber eine Afrikanerin oder ein Afrikaner, besonders wenn sie oder er in einer ländlichen Gegend lebt, muss mit nur 10 – 20 Litern auskommen!

Wir sind aus Wasser

Der Körper eines Kindes besteht zu 70 Prozent aus Wasser, der eines erwachsenen Mannes zu 65 Prozent und der einer Frau zu 60 Prozent aus Wasser. Wasser ist also für den Menschen lebensnotwendig. Deshalb suchen die Astronomen, um herauszufinden, ob es auf einem Planeten Leben gibt, nach dem Vorhandensein von Wasser unter den vielen Hinweisen. Und wir wissen, dass in unserem Sonnensystem einige Planeten und bestimmte Satelliten wahrscheinlich Wasser enthalten ... aber das ist keine ausreichende Bedingung, um sicher zu sein, dass es Leben gibt!

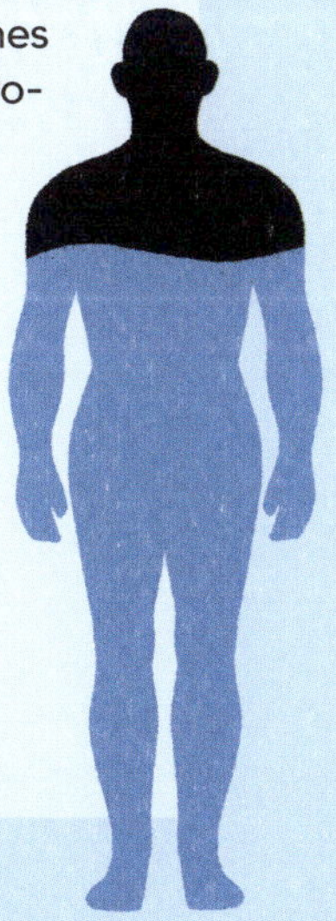

Verkehrs- und Kommunikationswege

Der Transport ist die andere Seite der Medaille der Rohstoffproduktion. Viele Erzeugerregionen verbrauchen einen Teil der Rohstoffe, aber nicht alle, und transportieren den Rest in Verbraucherregionen, in denen diese Rohstoffe fehlen. Die Geschwindigkeit auf dem Landweg hat sich von den 5 bis 6 km/h eines von Tieren gezogenen Wagens auf die mehr als 100 km/h von Lastwagen und die mehr als 200 km/h von bestimmten Güterzügen gesteigert. Bei den Schiffen ist die Geschwindigkeit von 6 bis 10 Knoten/Stunde auf 25 Knoten/Stunde bei Containerschiffen angestiegen. Im Gegensatz dazu hat die Einführung des Flugzeugs das Geschwindigkeitsbild völlig verändert, das 900 km/h beträgt; es ist nun möglich, jeden Ort der Welt in weniger als 24 Stunden zu erreichen.

Transportschiffe

In den letzten 5.000 Jahren wurden durchschnittlich 85 bis 90 % der Waren und Rohstoffe mit Schiffen auf dem Wasser transportiert: auf Flüssen, Meeren, Seen und Ozeanen. Die Schiffe der Phönizier, die chinesischen Dschunken, die römischen Handelsschiffe, die arabischen Feluken, die venezianischen und spanischen Galeonen und die englischen Klipper haben seit Menschengedenken enorme Mengen an Fracht befördert. Angetrieben wurden die Schiffe durch die Anstrengung der Ruderer, dann blähte der Wind die Segel, dann kam die Kohle für den Betrieb der Kessel. Seit dem Ende des Zweiten Weltkriegs verwenden alle Schiffe Öl für ihre Motoren. Große Schiffe verbrauchen bis zu 250 Tonnen Schweröl pro Tag! Von den 90.000 kommerziellen Schiffen, die es weltweit gibt, werden mehr als 50.000 für den Gütertransport eingesetzt. Es gibt nur 600 LNG-Tanker, aber diese Schiffe für den Transport von Gas sind riesig.

Große Schienennetze

Ab Mitte des 19. Jahrhunderts wurden vor allem in Europa und den USA enorme Investitionen in den Eisenbahnbau getätigt. Die wichtigsten Bauherren waren britische Unternehmen, die hauptsächlich von europäischen Ingenieuren geleitet wurden. Die Lokomotiven wurden in Großbritannien und Deutschland hergestellt. In der Folgezeit tätigten zahlreiche Länder anderer Kontinente enorme Investitionen, die häufig von europäischen und amerikanischen Unternehmen und Banken finanziert wurden, um den Transport von Personen und Gütern zu erleichtern. 149 Staaten verfügen über Eisenbahnen, 33 dagegen nicht, darunter Andorra, Zypern, Guinea-Bissau, Island und Kuwait. Man schätzt, dass weltweit etwa 5 Prozent der Güter auf der Schiene transportiert werden. In Europa befördert ein Zug bis zu 1.200 bis 1.500 Tonnen, in den USA können es mehr als 10.000 Tonnen sein. Die neue Seidenstraße hat den Schienenverkehr zwischen China und Europa wiederbelebt. Der Abstand zwischen den Gleisen stammt von den Römern: Das römische Reich verfügte über ein großes Straßennetz, dessen Dimensionen genormt waren; das galt auch für den Abstand zwischen den Rädern der Waggons. Nach dem Untergang Roms haben die Hersteller von Waggons und Postkutschen diese Maße beibehalten, um die von den Rädern in die alten Römerstraßen gegrabenen Rillen zu nutzen. Als die Eisenbahngesellschaften die Waggons für ihre Züge von den Postkutschenherstellern produzieren ließen, fertigten diese sie mit der Spurweite, die sie gewohnt waren: der römischen Spurweite!

Luftverkehr

Das erste Flugzeug, das Waren transportierte, war ein kleines Flugzeug, das am 7. November 1910 zehn Seidensäcke mit Post geladen hatte; der Flug dauerte 57 Minuten über eine 65 Meilen lange Strecke zwischen Dayton und Columbia im US-Bundesstaat Ohio. Der Zweite Weltkrieg begünstigte die Entwicklung des Luftfrachtverkehrs für den Kriegsbedarf und führte vor allem zu einer Steigerung der Transportkapazität von Flugzeugen, die häufig den Atlantik und den Pazifik überqueren mussten. Die 1970er Jahre stellten mit der Einführung von Großflugzeugen wie der Boeing 747 einen weiteren Sprung dar. Alle Passagierflugzeuge befördern auch Fracht (was häufig zu Verzögerungen beim Start der Flugzeuge führt, da die Beladung länger dauert und schwieriger ist), und dann gibt es noch zahlreiche Flugzeuge, die nur Fracht und Post befördern. Viele Waren werden mit dem Flugzeug befördert, z. B. bestimmte frische Obstsorten, Schnittblumen, Edelmetalle, hochwertige oder sehr dringende Medikamente, Kunstgegenstände von großem Wert, Luxusautos, Rennpferde, Zirkus- und Zootiere, exotische Fische. Große Luftfrachtströme konzentrieren sich auf die Strecken Europa-Nordamerika, Europa-Asien (China, Japan, Taiwan, Südkorea) und Nordamerika-Asien.

Transport auf der Straße

Im Jahr 1923 entwarf der italienische Ingenieur Piero Puricelli die Idee der modernen Autobahn, die 1924 zwischen Mailand und Varese eingeweiht wurde. Diese Idee wurde von mehreren Industrieländern aufgegriffen, darunter Deutschland mit seinem großartigen Autobahnnetz vor dem Zweiten Weltkrieg und die USA mit der legendären Route 66. Je größer ein Land ist, desto größer ist natürlich auch der Bedarf an Straßen, um die Mobilität von Menschen und Gütern zu erleichtern. Die Verbreitung von immer moderneren Autos und Lastwagen hat die Entwicklung von Straßen- und Autobahnsystemen in der ganzen Welt vorangetrieben. In verschiedenen Ländern und innerhalb der Kontinente gibt es Ost-West- und Nord-Süd-Achsen. So ist beispielsweise das europäische Straßennetz nach dieser Struktur aufgebaut und ermöglicht den Verkehr zwischen Polen und der Iberischen Halbinsel sowie zwischen den skandinavischen Ländern und Sizilien in Italien. In den USA ist das Straßennetz für die Größe des Landes sehr umfangreich, und es gibt die berühmte Panamericana von Alaska bis Ushuaia in Südamerika. Russland verfügt über die lange Transsibirienstraße von St. Petersburg nach Wladiwostock am Pazifik. China ist dabei, sich mit ähnlichen Strecken auszustatten. Afrika hinkt in diesem für den Handel so wichtigen Prozess noch hinterher, obwohl der Kontinent von der Transafrikanischen Straße durchquert wird, die den Norden (Kairo in Ägypten) mit dem Süden (Kapstadt in Südafrika) verbindet.

KUPFER

Nach Silber ist Kupfer das Metall mit der besten Leitfähigkeit, weshalb es häufig für den Transport von Strom und Wärme verwendet wird. Viele Töpfe und Pfannen in der Küche sind aus Kupfer! In einem Auto gibt es mindestens 1.000 m Kabel, die die Batterie mit dem Motor, allen Lichtern, Fenstern, Scheibenwischern und Bremsen verbinden. In einem Benzin- oder Dieselauto befinden sich je nach Größe des Fahrzeugs 20 bis 30 kg Kupfer; in einem Elektroauto sind es mindestens 50 kg! Kupfer ist ein wesentlicher Bestandteil unseres täglichen Lebens: Wohnungen, Schulen, Büros, Fernseher, Smartphones, DVD-Player, Lampen, Waschmaschinen und Trockner, Autos, Computer, Kühlschränke und vieles mehr werden mit diesem Metall hergestellt. In einem Flugzeug befinden sich mindestens 500 km Kupferdraht!

Das reine Metall wird an den Börsen in London, New York und Shanghai gehandelt. Die grüne Revolution in der Energieerzeugung führt in den nächsten 30 Jahren zu einer starken Nachfrage nach Kupfer … Die Preise könnten steigen, da die Weltproduktion (21 Millionen Tonnen pro Jahr) nicht ausreicht und riesige neue Investitionen erforderlich sind.

Mit Zinn verschmolzenes Kupfer ist die Grundlage für die Herstellung von Bronze. Durch diese Legierung wird Kupfer zu einem harten Metall, während Kupfer allein verformbar ist. Bronze wurde für die Herstellung von Waffen und Werkzeugen verwendet, die für das zivilisierte Leben unerlässlich waren. Es wurde durch Eisen ersetzt, das bei höheren Temperaturen schmilzt.

Im Herbst 1907 lancierte ein amerikanischer Investor eine riesige Spekulation auf dem Kupfermarkt, die ein totales Fiasko war und eine große internationale Finanzkrise auslöste. Ein anderer großer Finanzier, J. P. Morgan, fand damals eine Lösung, um die Märkte mit Geld zu überschwemmen, und die Krise war überstanden. Diese Krise war die Ursache für die Gründung der Zentralbank der USA.

In der Liste der zehn größten Minen der Welt sind fünf davon Kupferminen in den USA, Chile, Indonesien und der Mongolei. Die anderen fördern Eisen, Diamanten und Braunkohle. Die wichtigsten Minen befinden sich in der Nähe alter, erloschener Vulkane, die viel mit Kupfer vermischten Schwefel ausgestoßen haben.

LEGENDE

- ERZEUGERLÄNDER
- VERBRAUCHERLÄNDER
- ERZEUGER- UND VERBRAUCHERLÄNDER

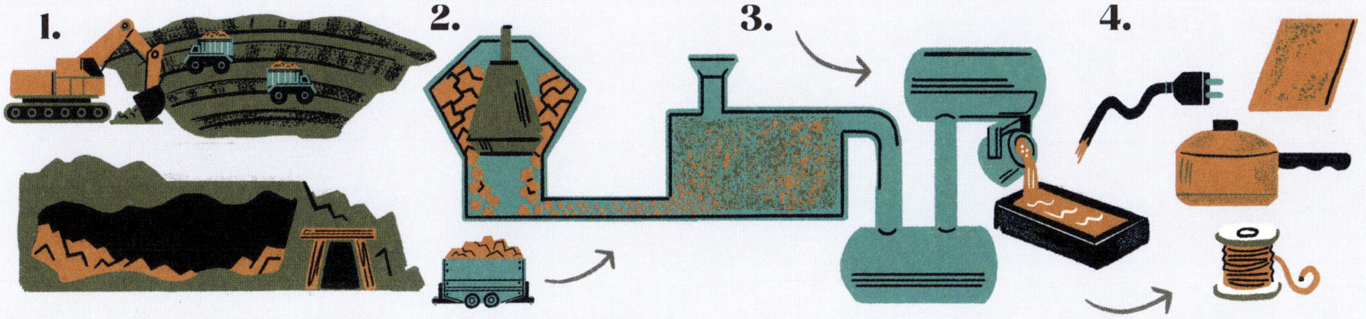

Vom Metall ... zum Schaltkreis

Kupfer war wahrscheinlich das erste Metall, das in prähistorischer Zeit verwendet wurde: Es wurden Kupfergegenstände von 10.000 v. Chr. gefunden; es gibt Spuren der Verwendung durch sumerische, persische, ägyptische und chinesische Zivilisationen. Die erste Wasserleitung aus Kupfer stammt von 2750 v. Chr.!

1. Es gibt zwei Arten von Minen, in denen Kupfer abgebaut wird: Bergwerke mit Tunneln und unterirdischen Gängen und Tagebaue, in denen große Lastwagen bis zu 450 Tonnen Erde transportieren können.
2. Das gesamte Erz wird zerkleinert. Dann ist die Flotation an der Reihe. In dieser Phase werden die Bruchstücke mit Tensiden gemischt, d. h. mit Stoffen, die das Kupfer von Verunreinigungen (Sulfide und Eisenoxide) trennen.
3. Anschließend wird das 99 % reine Metall gewonnen. Im Durchschnitt können aus einer Tonne Erz 4 bis 5 kg reines Kupfer gewonnen werden.
4. Anschließend wird das Metall zu Blechen, Drähten, Barren und Rohren eingeschmolzen, die vermarktet und zu den Verbrauchern transportiert werden, um in unsere Häuser, Haushaltsgeräte, Verkehrsmittel, Mobiltelefone und Computer eingebaut zu werden.

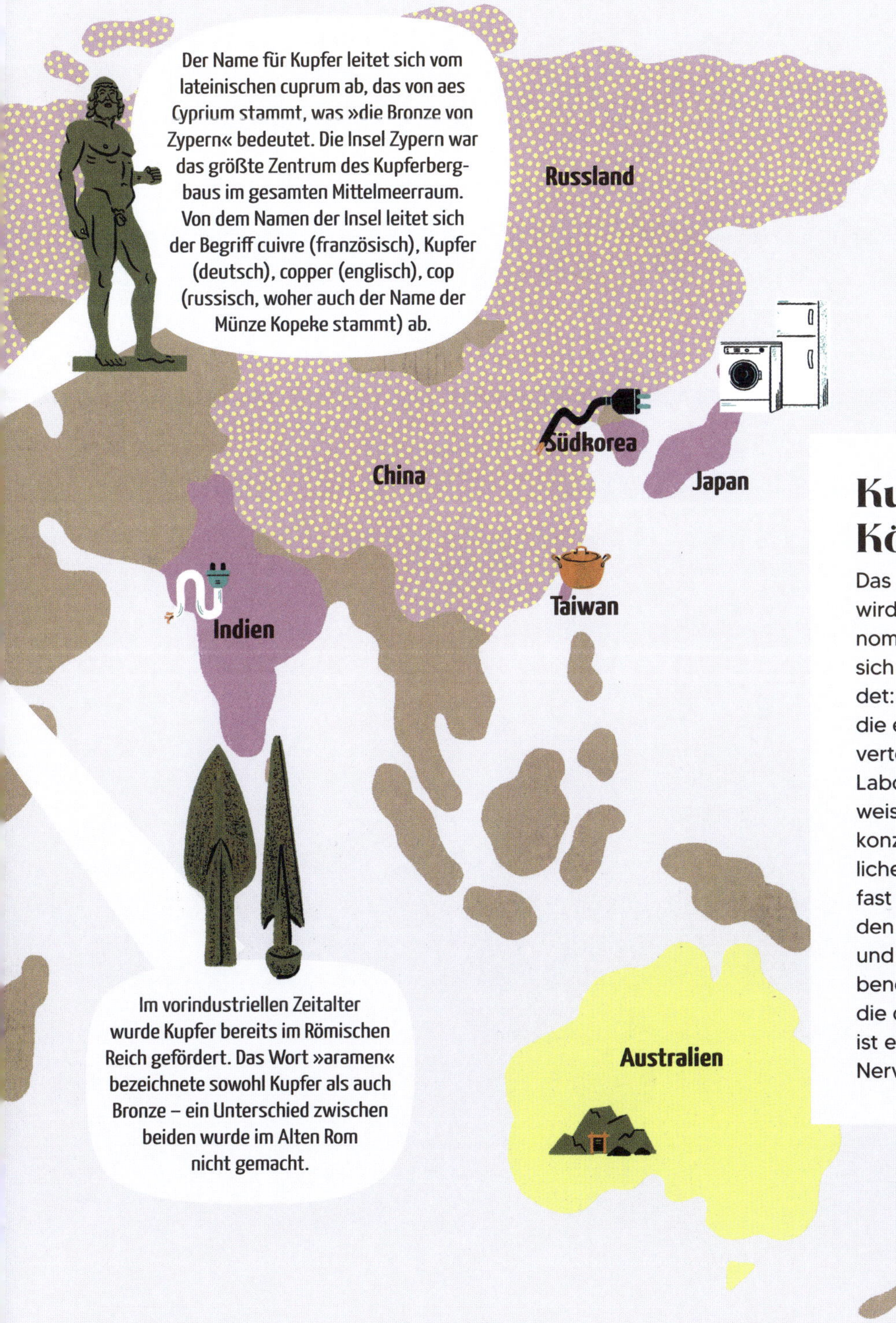

Der Name für Kupfer leitet sich vom lateinischen cuprum ab, das von aes Cyprium stammt, was »die Bronze von Zypern« bedeutet. Die Insel Zypern war das größte Zentrum des Kupferbergbaus im gesamten Mittelmeerraum. Von dem Namen der Insel leitet sich der Begriff cuivre (französisch), Kupfer (deutsch), copper (englisch), cop (russisch, woher auch der Name der Münze Kopeke stammt) ab.

Im vorindustriellen Zeitalter wurde Kupfer bereits im Römischen Reich gefördert. Das Wort »aramen« bezeichnete sowohl Kupfer als auch Bronze – ein Unterschied zwischen beiden wurde im Alten Rom nicht gemacht.

Kupfer in unserem Körper

Das mit der Nahrung aufgenommene Kupfer wird über den Magen und den Darm aufgenommen, von wo aus es ins Blut gelangt und sich an ein Protein, das Ceruloplasmin, bindet: Es wird dann zur Leber transportiert, die es an die verschiedenen Organe verteilt. Die Leber, das »chemische Labor« des menschlichen Körpers, weist eine der höchsten Kupferkonzentrationen im menschlichen Körper auf. Kupfer ist fast überall im Körper zu finden und wird für die Bildung und Erhaltung des Myelins benötigt, der Schutzschicht, die die Nervenzellen umhüllt. Es ist ein wichtiger Bestandteil der Nervenzellen.

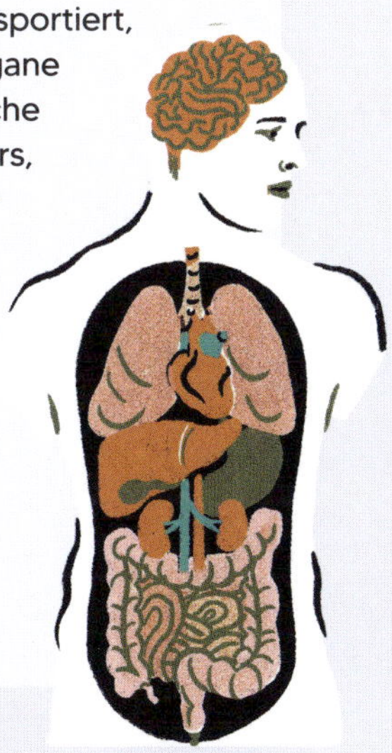

EISEN

Vor mehr als 5.000 Jahren, zur Zeit der Hethiter, war Eisen viel teurer als Gold. Warum? Die Eisenschmiede wussten nicht, wie sie die zum Schmelzen von Eisen erforderliche Temperatur von 1.536 Grad erzeugen konnten, also arbeiteten sie mit anderen Metallen wie Gold, Silber, Kupfer, Zinn und Bronze, die zum Schmelzen viel niedrigere Temperaturen benötigen. Dies erklärt das Bild von Vulkan, dem Gott der griechischen Mythologie, der Eisen schlägt (und nicht schmilzt), um Schwerter für die Götter und Helden herzustellen. Aber Eisen gab es, und es war in Meteoriten enthalten, die auf die Erde fielen: Deshalb war Eisen so wertvoll! Es war selten und ein Geschenk des Himmels; es wurde in Tempeln ausgestellt, und die Mächtigen wollten Waffen mit eisernen Griffen besitzen.

Vom Bergwerk ... zum Nagel

Eisen macht 34,6 % der Erdoberfläche und 5 % der Erdkruste aus. Aus diesem Grund bestehen 95 % aller Metalle, die in verschiedenen Produkten des täglichen Lebens verwendet werden, aus Eisen.

1. Eisen wird entweder in Bergwerken aus Erzen gewonnen oder aus Metallschrott, z. B. aus alten Autos, Schrott aus Geschirrspülern, Waschmaschinen, Kühlschränken, Schiffen oder Gebäuden.
2. Das Eisenerz wird dann mit Kokskohle vermischt und in Hochöfen bei sehr hohen Temperaturen geschmolzen. Das geschmolzene Eisen wird in die endgültigen Formen gegossen, sodass Rundstäbe, Stahlträger und Walzplatten entstehen. Das Eisen wird durch Erhitzen mit Strom geschmolzen.
3. Je nach der Menge des im Gussstück enthaltenen Kohlenstoffs erhält man Stahl oder Gusseisen. Viele moderne Stähle enthalten geringe Mengen anderer Metalle: Dies sind die Spezialstähle, die in der Luftfahrt, in Kernkraftwerken, in der Raumfahrt, in Getrieben und in Werkzeugen für die Herstellung anderer Industrieprodukte verwendet werden.
4. Eisen wird in vielen verschiedenen Bereichen verwendet, von der Medizin bis zum Kochen, in der Landwirtschaft und der Automobilindustrie, für Rüstungsgüter, Öfen, Präzisionsinstrumente, die Schwerindustrie, Sicherheitssysteme, Rohre und Pipelines, Brückenund Infrastrukturbau. Aber auch für Bauwerke und Verkehrsmittel.

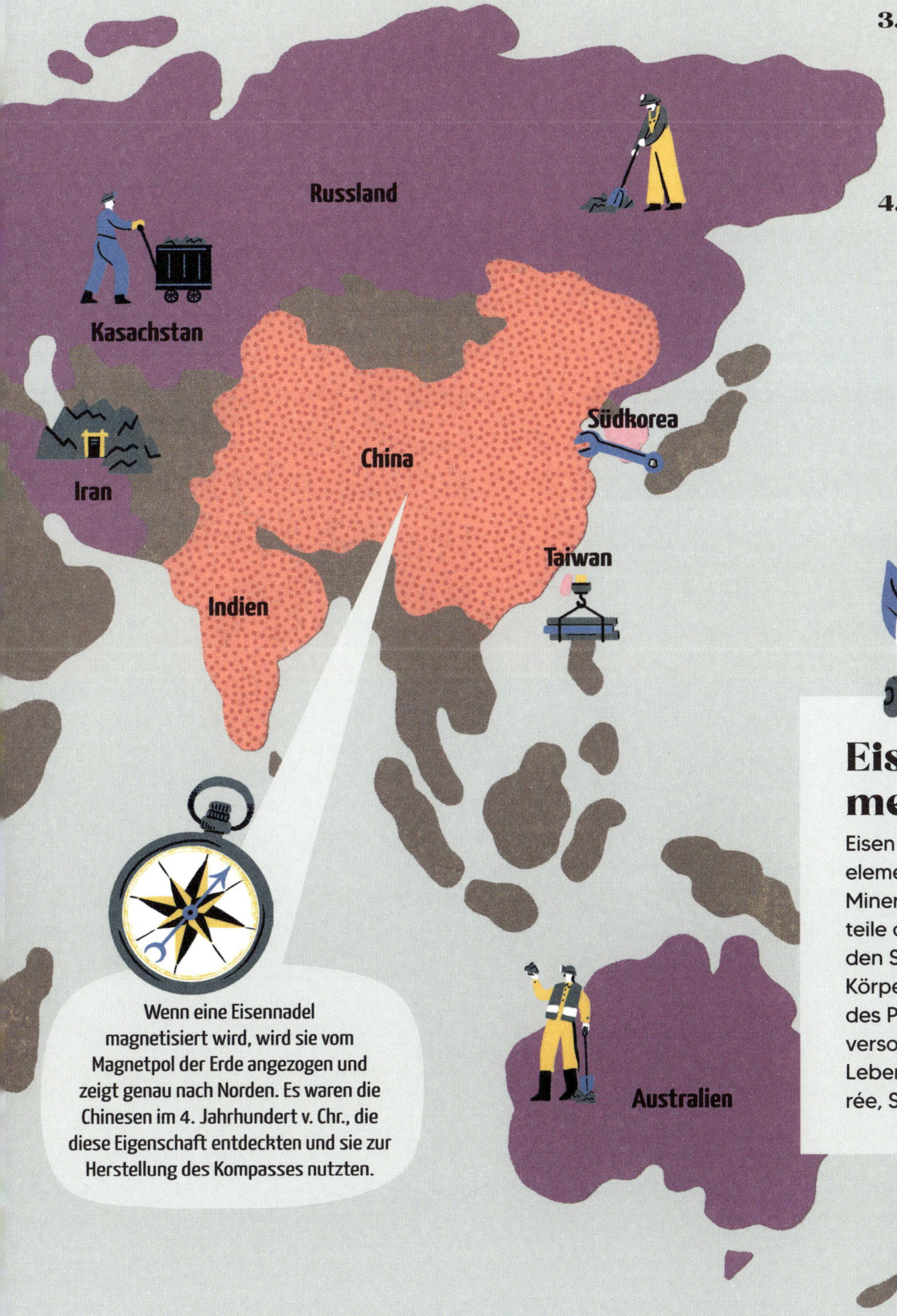

Eisen im menschlichen Körper

Eisen ist eines der wichtigsten Spurenelemente unter den im Körper vorhandenen Mineralien. Es ist nämlich einer der Bestandteile des Hämoglobins, des Proteins, das den Sauerstoff von der Lunge zum Rest des Körpers transportiert, und des Myoglobins, des Proteins, das die Muskeln mit Sauerstoff versorgt. Es ist in Rindfleisch (insbesondere in Leber), Bohnen, Kichererbsen, Linsen, Chicorée, Salat, Spinat und Nüssen enthalten.

SALZ

Viele Jahrhunderte lang war Salz überall auf der Welt das wichtigste Konservierungsmittel für Lebensmittel. In der Praxis war es »der Kühlschrank«, der es den Menschen ermöglichte, Fleisch, Fisch, Obst und Gemüse für einige Zeit zu konservieren. Außerdem wurde es verwendet, um Lebensmitteln Geschmack zu verleihen, Wunden zu desinfizieren, Edelmetalle von Verunreinigungen zu trennen, Sprengstoff herzustellen und ... als Zahlungsmittel. In Regionen, die weit vom Meer entfernt waren, war eine Unze Salz sogar bis zu einer Unze Gold wert. Auch die römischen Soldaten wurden mit Salz bezahlt. Das Wort »Sold« leitet sich von Salz ab. Heute hat das Salz etwas an Bedeutung verloren: Es ist nach wie vor unverzichtbar für das Salzen von Lebensmitteln, aber – da es billig ist – wird es im Winter auch auf die Straßen gestreut, um die Fortbewegung der Autos zu erleichtern.

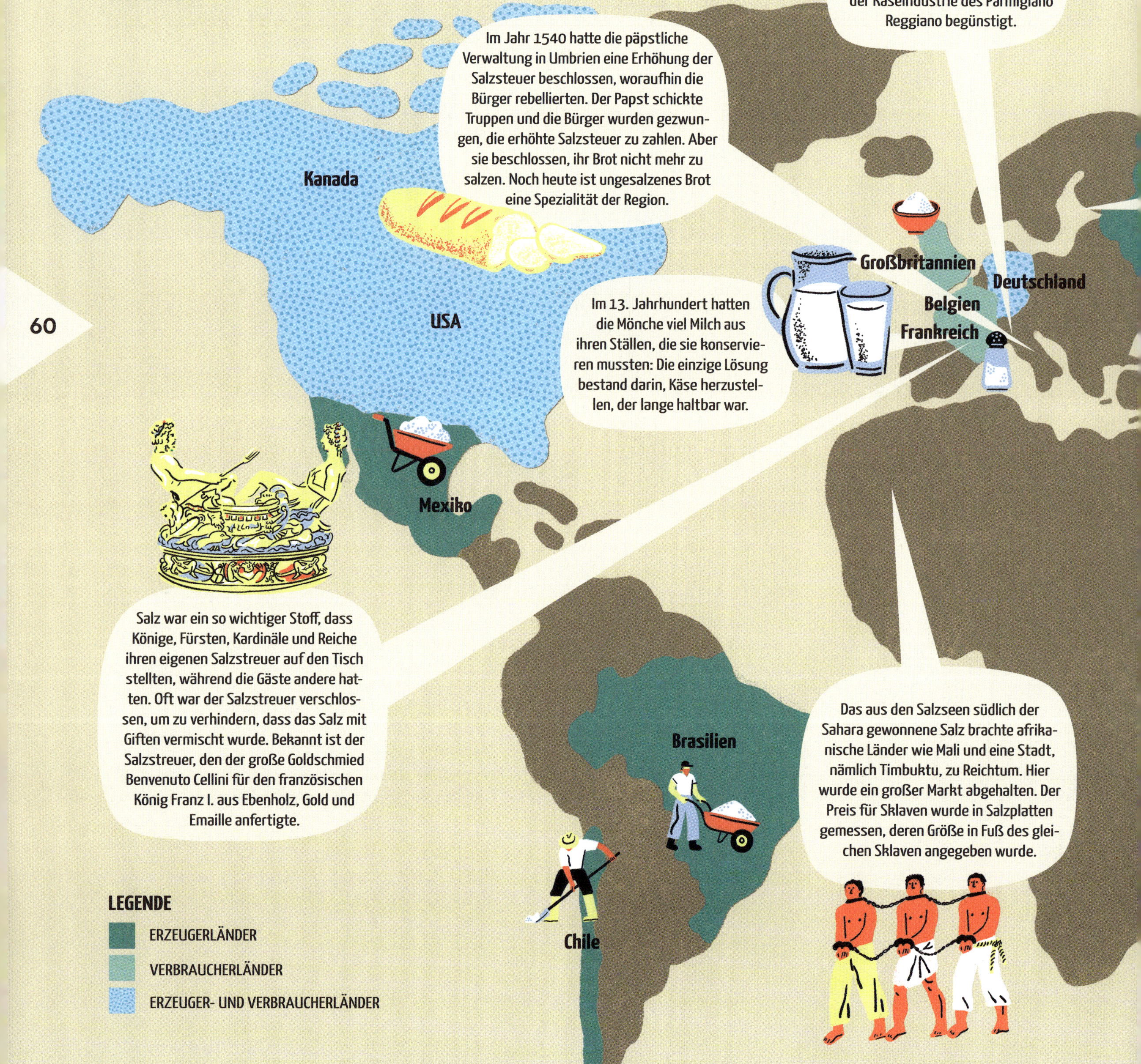

Vom Meer ... in den Salzstreuer

Mit der Erfindung des Kühlschranks verlor das Salz viel von seinem Wert und seiner Bedeutung. Außerdem wurden neue Minen entdeckt und in verschiedenen Ländern der Welt wurden natürliche Salinen eingerichtet.

1. Salzsümpfe sind an Meeren und Ozeanen zu finden, wo das sonnige Klima die Verdunstung von Wasser begünstigt. In kälteren Regionen hingegen muss das Wasser mit Holz, Torf, Kohle, Gas, Öl oder Strom erhitzt werden, um es zu verdunsten.
2. In Salzwüsten wird der Boden abgetragen, in Bergwerken fahren Bergleute unter Tage und gewinnen das Salz, das dann an die Oberfläche transportiert wird. In einigen Bergwerken ist es einfacher, das Salz zu gewinnen, indem Wasser unter hohem Druck eingepresst wird, wodurch sich das Salz auflöst. Diese Flüssigkeit (Sole) wird dann zur Verdampfung an die Oberfläche gesaugt.
3. Das gesamte Salz muss gereinigt, d. h. von verschiedenen Schlacken und Verunreinigungen befreit werden, dann durchläuft es spezielle Öfen, um die Feuchtigkeit zu reduzieren. Schließlich wird es gemahlen, um verschiedene Körnungen zu erhalten, und verpackt.
4. Speisesalz wird für die Zubereitung von Speisen und für die Herstellung von Wurstwaren verwendet. Es ist eine Quelle für Chlor und wird bei der Herstellung des Kunststoffs PVC (Polyvinylchlorid) verwendet, aus dem verschiedene Behälter hergestellt werden. In der pharmazeutischen Industrie wird es für die Herstellung von Infusionen und Salzlösungen verwendet. In der Textilindustrie wird es manchmal als Beizmittel verwendet, um Farben zu stabilisieren. In der Metallurgie wird es zum Härten von Metallen und bei der Aluminiumveredlung eingesetzt.

Die Ostsee, die einst ein See war, hat einen geringeren Salzgehalt als das Mittelmeer, und die Völker, die um dieses Meer herum lebten, waren im Laufe ihrer Geschichte immer auf der Suche nach Salz ... sogar in Kriegen. Daher auch die Bedeutung der polnischen Salzbergwerke in Wieliczka.

Rosa Himalaya-Salz ist im Handel erhältlich: Es wird in Pakistan abgebaut und ist ein einfaches Steinsalz mit einem geringen Anteil an Eisenoxiden. Diese verleihen dem Mineral seine typische rosa Farbe.

General Lees Pferde und Salz

Während des Amerikanischen Bürgerkriegs (1861 bis 1865) hatten die Soldaten des Nordens versucht, die Salzproduktionszentren der Südstaatler (Konföderierten) zu zerstören, um die Konservierung von Lebensmitteln zu verhindern, die Verfügbarkeit von Salz für Kriegszwecke (Herstellung von Sprengstoff) zu verringern und die Salzmengen für Mensch und Tier zu begrenzen. Vor allem die Kavallerie von General Robert Lee hatte darunter zu leiden, denn ohne Salz wurden die Pferde krank. Ihre Zungen schwollen an (Atemnot) und die Beine waren weniger beweglich (Schwierigkeiten beim Galoppieren).

Wie funktioniert Elektrizität?

Elektrizität ist außergewöhnlich: Sie bewegt sich mit Lichtgeschwindigkeit, sie ist sehr leistungsfähig, ihre Nutzung erzeugt kein CO_2, aber für ihre Herstellung werden häufig fossile Brennstoffe verwendet, und sie bewegt die halbe Welt. Aber sie hat zwei große Schwachpunkte: Sie kann nicht gespeichert werden (mit Ausnahme einer kleinen Menge in Batterien) und sie lässt sich schlecht transportieren, weil die Energie auf dem Weg durch die Stromleitungen 6–7 % ihrer Leistung verliert. Daher ist es schwierig, den Strom zu transportieren, und es werden »Kondensatoren« benötigt, um die Verluste teilweise zu begrenzen. Die längste Leitung der Welt misst 2.539 km und verläuft zwischen Belo Monte und Rio de Janeiro (Brasilien).

Wie wird Elektroenergie erzeugt?

Um Strom zu gewinnen, muss man eine Drehbewegung erzeugen. Es wird eine Methode angewandt, die auf einem relativ einfachen Prinzip beruht: Man kocht Wasser in einem großen Topf, um Wasserdampf zu erhalten; dieser wird unter Druck gesetzt und auf Turbinen übertragen, die die Drehbewegung erzeugen. Die Elektrizität wird dann in Haushalten für Beleuchtung und Heizung, in der Industrie und Lebensmittelproduktion, im öffentlichen Verkehr, in der Kommunikation und Elektronik und sogar in Raumfahrzeugen verwendet.

Der Blackout von New York

Am 9. November 1965 um 17.27 Uhr drang ein Eichhörnchen in ein Kraftwerk in der Region der Niagarafälle ein und verursachte einen plötzlichen Stromausfall, der sechs US-Bundesstaaten, darunter den gesamten Staat New York, und zwei kanadische Provinzen betraf. Diese Unterbrechung dauerte etwa zehn Stunden und verursachte im Nordosten des amerikanischen Kontinents echte und ernsthafte Probleme. Eine Reihe von Transformatoren in der Region der Niagarafälle wurde durch einen Kurzschluss beschädigt. Viele Menschen, die in New York arbeiteten, konnten nicht nach Hause zurückkehren, zahlreiche Einwohner saßen in Aufzügen fest, der Verkehr war fast völlig zum Erliegen gekommen, und Feuerwehr, Krankenwagen und Polizei hatten unglaubliche Schwierigkeiten, weil sie nicht mehr weiterfahren konnten. Der gesamte Flug-, Zug- und U-Bahn-Verkehr wurde eingestellt. Währenddessen wurden einige Gebiete der Region, die von anderen Stromversorgern beliefert wurden, normal versorgt. Die Amerikaner wurden sich ihrer Verletzlichkeit und Abhängigkeit von der Elektrizität bewusst ... eine Feststellung, die für alle Menschen gilt, die in einer Welt leben, die auf der Verfügbarkeit von Elektrizität beruht.

Der Spotmarkt

Es gibt einen speziellen Markt: den »Spot«-Markt, d. h. die sofortige Lieferung von Energie, der hoch entwickelt ist. Zu bestimmten Zeiten kann es vorkommen, dass der Verbrauch eines Landes geringer ist als seine Energieproduktion; die Unterbrechung der Produktion ist jedoch ein sehr komplexer und auch kostspieliger Vorgang. Dann bietet das Unternehmen, das für die Erzeugung und Verteilung von Strom in dem Land zuständig ist, das einen vorübergehenden Überschuss hat (eine, zwei, drei Stunden ...), diesen Überschuss den Nachbarländern an, da es die Energie nicht speichern kann. Manchmal sind die Preise für diesen (vorübergehenden) Überschuss negativ, das heißt, das Land, das für kurze Zeit Energie importiert, erhält Geld für den Import.

Das Tal des Teufels

Italien ist der siebtgrößte Produzent von geothermischer Energie in der Welt. In Larderello in der Toskana gibt es natürliche vulkanische Quellen (soffioni), aus denen Wasserdampf austritt. Die Region wird wegen ihrer Landschaft »Tal des Teufels« genannt, deren weiße Dampfsäulen schon zu Dante Alighieris Zeiten bekannt waren und ihn zu den Landschaften von L'Inferno inspirierten. Die Stadt ist nach François Jacques de Larderel benannt, einem französischstämmigen Industriellen aus Livorno, der um 1827 die Gewinnung von Borsäure aus dem Schlamm der sogenannten »Lagoni« perfektionierte. Erst 1904 wurde aus dem Borschlamm die Elektrizität für Glühbirnen gewonnen und ab 1913 begann man mit der Stromerzeugung, zunächst für den Betrieb der italienischen Eisenbahn. Heute gibt es 34 Kraftwerke, die Strom für mehr als eine Million Haushalte erzeugen. Das Erdwärme-Kraftwerk im »Tal des Teufels« gilt als eines der größten weltweit. Erdwärme spielt vor allem in Ländern mit starkem Vulkanismus eine große Rolle. Führend sind hier China, Schweden, die USA und Island.

Der Drei-Schluchten-Staudamm

In China befindet sich das größte Wasserkraftwerk der Welt: der Drei-Schluchten-Damm. Er befindet sich in der Provinz Hubei, am Lauf des Jangtse-Flusses. Der Damm ist 181 m hoch und 2.335 m lang. Der Stausee stromaufwärts des Bauwerks erstreckt sich über 663 km entlang des Jangtse-Flusses und kann bei voller Kapazität eine Fläche von 1.085 km² erreichen. Wie bei mehreren anderen Staudämmen auf der ganzen Welt wurde auch hier ein spezieller Kanal für Lachse gebaut. Diese Fische schwimmen zur Laichzeit die Flüsse hinauf und die Dämme behindern ihre Passage. Deshalb wurden neben den Dämmen spezielle Wege mit gestuften Becken gebaut, die es den Lachsen ermöglichen, in Sprüngen den Fluss hinaufzuwandern.

WOLLE

Wolle ist ein Produkt der Weidewirtschaft und war lange Zeit zusammen mit dem gesamten landwirtschaftlichen System ein wesentliches Element in der Wirtschaft des Urmenschen, sodass das Vieh zur Währung wurde. Aus dem lateinischen Wort *pecus* (Rind, Schaf) entstand das Wort *pecunia*, was so viel wie »Währung« bedeutet. Dank ihrer Haupteigenschaften wie Wasseraufnahmefähigkeit, Flexibilität, Antistatik und garantierte Wärmeisolierung war Wolle schon immer eine begehrte Faser und wurde für handgefertigte Kleidungsstücke verwendet, die lange halten sollten. Je nach dem für die Herstellung verwendeten Tierhaar gibt es unterschiedliche Wollqualitäten: Merino, Angora, Kaschmir, Lama, Kamel, Dromedar und Kaninchen.

Mit der industriellen Revolution im 18. Jahrhundert wurden England und die nordeuropäischen Länder zu Großproduzenten verschiedener Wollsorten; Mühlen setzten dampfbetriebene Maschinen für die Wollverarbeitung und das Weben ein, die zuvor von Hand oder mithilfe von Wasserkraft durchgeführt wurden.

Vom Vlies ... zum Stoff

Wolle ist eine Textilfaser, die aus den Haaren bestimmter Tiere wie Schafen, Ziegen, Kaninchen und Kameltieren gewonnen wird.

1. Das Schaf wird geschoren und das Vlies wird gewaschen, um Unreinheiten zu entfernen.
2. Das nächste Verfahren ist das Kardieren, bei dem die Wolle durch eine Trommel mit einem gezahnten Zylinder geführt wird. Dadurch werden die Fasern geglättet und es entsteht ein Strang.
3. Anschließend werden die Fasern gekämmt, wobei kurze aussortiert werden und die restlichen in einer Richtung angeordnet werden.
4. Wollgarn wird dann zum Weben verschiedener Produkte für die Herstellung von Kleidung, Decken, Teppichen, Polsterstoffen und Dämmstoffen verwendet; beim ökologischen Bauen kommt es auch als Füllmaterial für Hohlräume zwischen Innen- und Außenwänden, Balken und Dächern zum Einsatz.

Die Römer erfanden die Schafschur und entwickelten die ersten einfachen Techniken zur Gerbung und Filzherstellung. Sie schlugen den Bauern auch vor, den Rücken der Schafe mit Baumwoll- oder Leinentuch zu bedecken, um die Qualität der Wolle zu schützen.

Für die Zucht von Schafherden, die Wolle produzieren, werden große Flächen benötigt. Die Produktion von Wolle als Rohstoff entwickelt sich in Australien, Neuseeland, Argentinien und anderen Regionen, die sich auf die Zucht spezialisiert haben, wie z. B. China: Dieses Land hat Australien abgelöst, das viele Jahre lang der größte Produzent der Welt war.

Lana cotta/Walkloden

Der Name kann irreführend sein, denn Lana cotta (gekochte Wolle) bzw. Loden ist ein Stoff, der eher mit Filz und Tuch vergleichbar ist. Tatsächlich handelt es sich nicht einmal um einen echten Stoff. Es handelt sich um eine Wolle, die einer speziellen Verarbeitung unterzogen wird, um einen schweren, sehr dicken, warmen und kompakten Stoff zu erhalten, der industriell zur Herstellung von Winterkleidung, Hausschuhen und Hüten verwendet wird. Nicht zu verwechseln mit Filz, der nichts anderes ist als kardierte Wolle, die viel leichter ist. Diese Wolle ist typisch für den Alpenraum und in Österreich und Italien weit verbreitet: in Südtirol wird sie hauptsächlich zur Herstellung von Tirolerhüten verwendet. Ein Paar Hausschuhe aus Loden absorbiert die Feuchtigkeit und hält den Fuß perfekt warm und trocken. Da Wolle atmungsaktiv ist, verhindert sie außerdem die Vermehrung von Milben und Bakterien.

KERNENERGIE

Kernenergie oder Atomenergie wird aus der Kernreaktion und der Kernkraft gewonnen, die den Atomkern bestimmter spaltbarer Materialien zusammenhält, also solcher, die eine Kettenreaktion der Kernspaltung auslösen können. Bei der Spaltung eines Atoms wird sehr viel Energie freigesetzt, und zwar umso mehr, je schwerer das Atom ist (z. B. Uran). Im Falle von Uran erzeugt ein Gramm dieses Metalls so viel Energie wie zwei Tonnen Erdöl oder 2,9 Tonnen Kohle oder 2.600 Kubikmeter Gas! Die Nuklearkräfte sind die stärksten in der Natur, weshalb Länder, die Uran produzieren, eine sehr wichtige strategische Macht haben.

Drei große Atomunfälle haben die Entwicklung der Kernenergie gebremst. Der erste ereignete sich 1979 in Three Mile Island in den USA, wobei Strahlung in die Umwelt gelangte. 1986 kam es im ukrainischen Tschernobyl zu einer Kernschmelze im Kernkraftwerk und 2011 traf in Japan ein gewaltiger Tsunami das Kraftwerk Fukushima und zerstörte einen der Reaktoren.

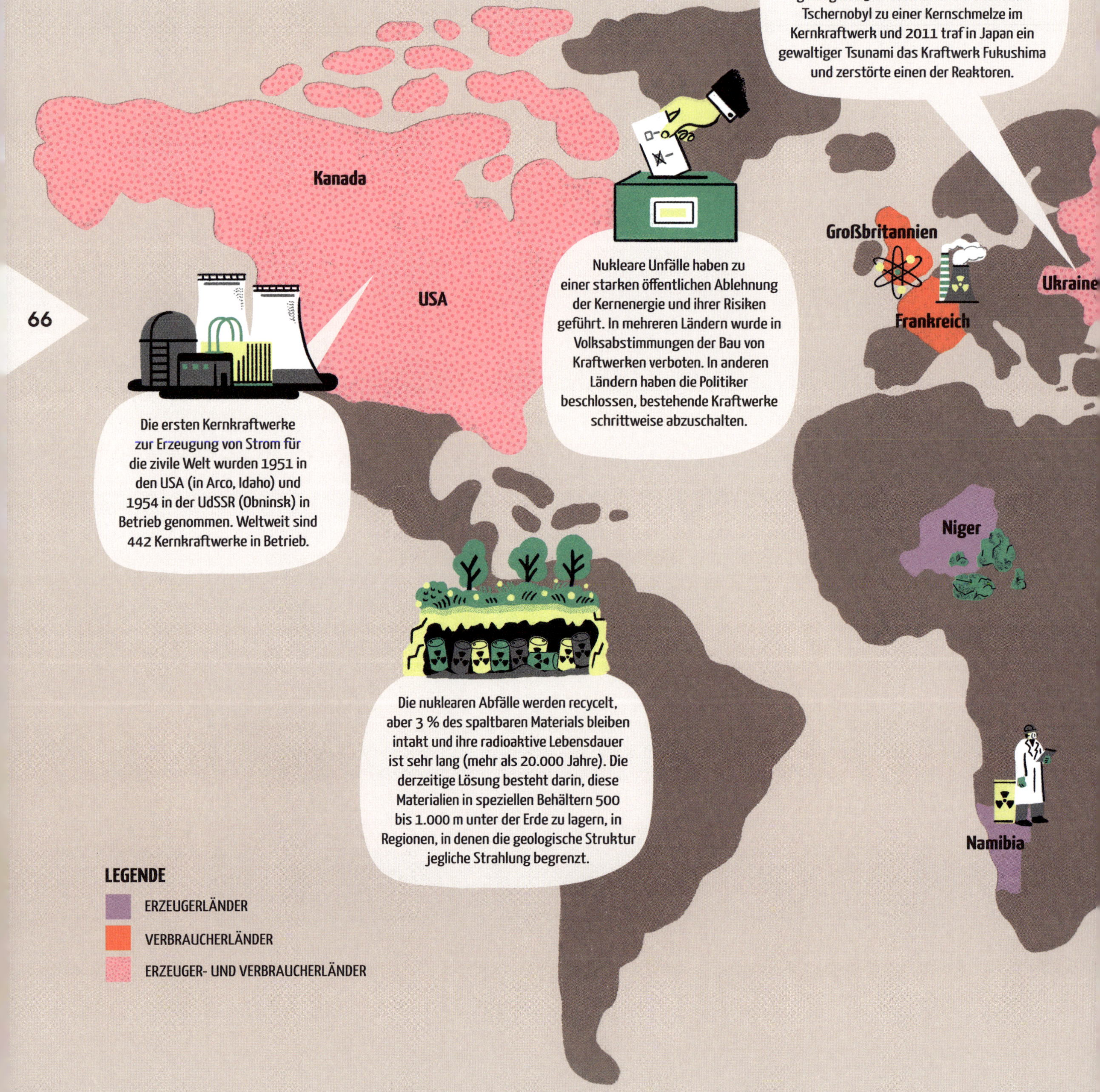

Nukleare Unfälle haben zu einer starken öffentlichen Ablehnung der Kernenergie und ihrer Risiken geführt. In mehreren Ländern wurde in Volksabstimmungen der Bau von Kraftwerken verboten. In anderen Ländern haben die Politiker beschlossen, bestehende Kraftwerke schrittweise abzuschalten.

Die ersten Kernkraftwerke zur Erzeugung von Strom für die zivile Welt wurden 1951 in den USA (in Arco, Idaho) und 1954 in der UdSSR (Obninsk) in Betrieb genommen. Weltweit sind 442 Kernkraftwerke in Betrieb.

Die nuklearen Abfälle werden recycelt, aber 3 % des spaltbaren Materials bleiben intakt und ihre radioaktive Lebensdauer ist sehr lang (mehr als 20.000 Jahre). Die derzeitige Lösung besteht darin, diese Materialien in speziellen Behältern 500 bis 1.000 m unter der Erde zu lagern, in Regionen, in denen die geologische Struktur jegliche Strahlung begrenzt.

LEGENDE

- ERZEUGERLÄNDER
- VERBRAUCHERLÄNDER
- ERZEUGER- UND VERBRAUCHERLÄNDER

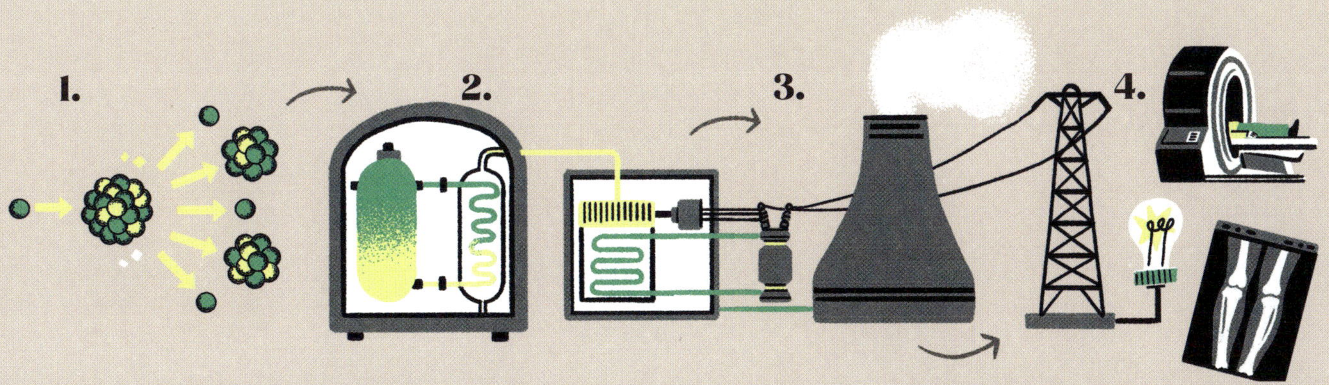

Vom Uran ... zur Energie

Ein Atomkraftwerk ist ein normales Kraftwerk, das Strom erzeugt. Es ist im Grunde nichts anderes als ein großer Topf, in dem – durch Kernspaltung – Wasser erhitzt wird, das in Wasserdampf umgewandelt wird und Turbinen antreibt.

1. In einem Atomkraftwerk wird die Wärme durch die Spaltung von Uran-, Thorium- und Plutoniumatomen gewonnen. Diese Atome werden von einem Neutron getroffen und in zwei Teile gespalten. Der Vorgang erzeugt eine enorme Energiemenge, Gammastrahlen und weitere Neutronen, die ihrerseits auf andere Atome spaltbaren Materials treffen.
2. Diese Reaktionen finden im Kern des Kraftwerks statt, wo Rohre verlaufen, durch die Wasser fließt, das sich erhitzt und in Form von Wasserdampf entweicht, der zum Betrieb der Turbinen verwendet wird.
3. Die Schwierigkeit besteht darin, diese Kettenreaktion zu kontrollieren, sonst entsteht eine Atombombe! Der Reaktor wird dann in Stahl- und Bleibehälter eingeschlossen, um die Strahlung abzuschirmen. Dieser Behälter ist wiederum von Betonstrukturen umgeben.
4. Die Kernenergie wird dann in Elektrizität umgewandelt, in der Medizin zur Krebsbekämpfung eingesetzt und von Militärschiffen und U-Booten genutzt.

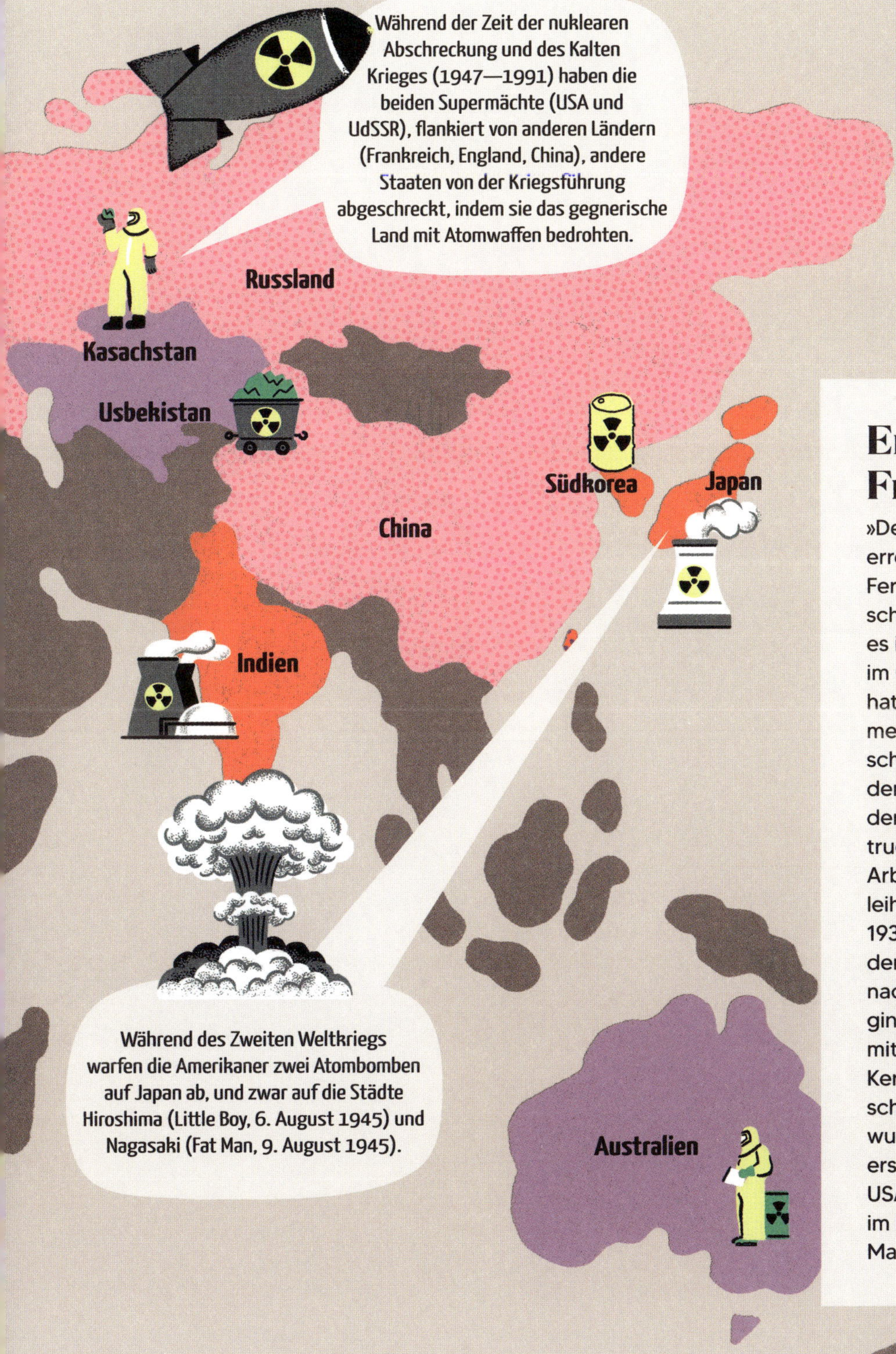

Energie für Krieg und Frieden

»Der italienische Seefahrer hat die neue Welt erreicht«: Mit diesem Codewort hat Enrico Fermi am 2. Dezember 1942 dem amerikanischen Präsidenten Roosevelt mitgeteilt, dass es ihm gelungen war, die erste Kernreaktion im Chicagoer Pile-1-Reaktor zu erzielen. Fermi hatte 1934, noch in Rom, die erste experimentelle Kernreaktion geschafft. Die Wissenschaftler seiner Forschungsgruppe verstanden jedoch nicht sofort alle Mechanismen der Kernspaltung. Andere Wissenschaftler trugen unabhängig voneinander dazu bei, die Arbeiten voranzutreiben, und nach der Verleihung des Nobelpreises für Physik im Jahr 1938 kehrte Fermi (aufgrund der Rassengesetze) nicht nach Rom zurück, sondern ging nach Chicago, wo er mit dem Bau des ersten Kernreaktors mit militärischer Zielsetzung betraut wurde. Erst 1945 war die erste Atombombe in den USA verfügbar, und zwar im Rahmen des geheimen Manhattan-Projekts.

ZINN

Mehr als 4.000 Jahre lang kam Zinn nur aus wenigen bekannten Minen in der Welt und war daher ein seltenes Metall. Tatsächlich wurde es im englischen Cornwall, auf Sardinien und in der Toskana in Italien, im Taurusgebirge (im Süden der Türkei), in Afghanistan und im chinesischen Yunnan abgebaut. Es wurde hauptsächlich mit Kupfer für die Herstellung von Bronze verwendet: neun Teile Kupfer und ein Teil Zinn. Zinn ist ein silbrig-weißes Metall, das sehr biegsam ist. Es gab auch eine Zinnstraße, die in Cornwall begann, durch Gallien führte und über Marseille nach Ostia, dem großen Hafen von Rom, verlief. Römische Kaufleute exportierten Zinn bis nach Indien, wo eine große Nachfrage herrschte.

Viele Legierungen werden durch den Einsatz von Zinn gewonnen, z. B. Legierungen für den Glockenguss, Bronze für Statuen, Hartzinn in England für Dekorationsgegenstände und Küchenutensilien, Legierungen für das Löten von Schaltkreisen und elektronischen Bauteilen und Flitter für einfache, aber effektvolle Kunstwerke.

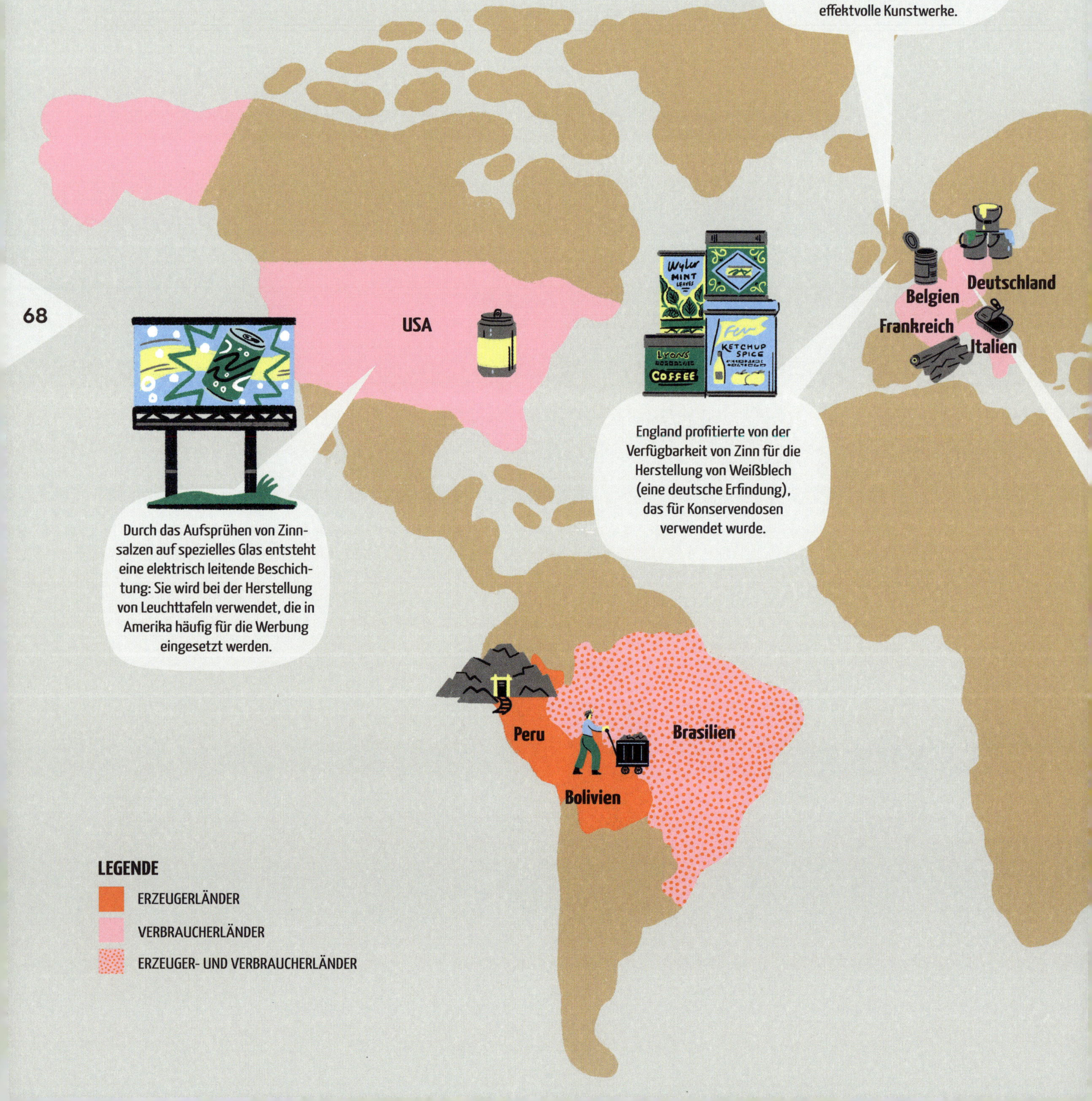

Durch das Aufsprühen von Zinnsalzen auf spezielles Glas entsteht eine elektrisch leitende Beschichtung: Sie wird bei der Herstellung von Leuchttafeln verwendet, die in Amerika häufig für die Werbung eingesetzt werden.

England profitierte von der Verfügbarkeit von Zinn für die Herstellung von Weißblech (eine deutsche Erfindung), das für Konservendosen verwendet wurde.

LEGENDE

- ERZEUGERLÄNDER
- VERBRAUCHERLÄNDER
- ERZEUGER- UND VERBRAUCHERLÄNDER

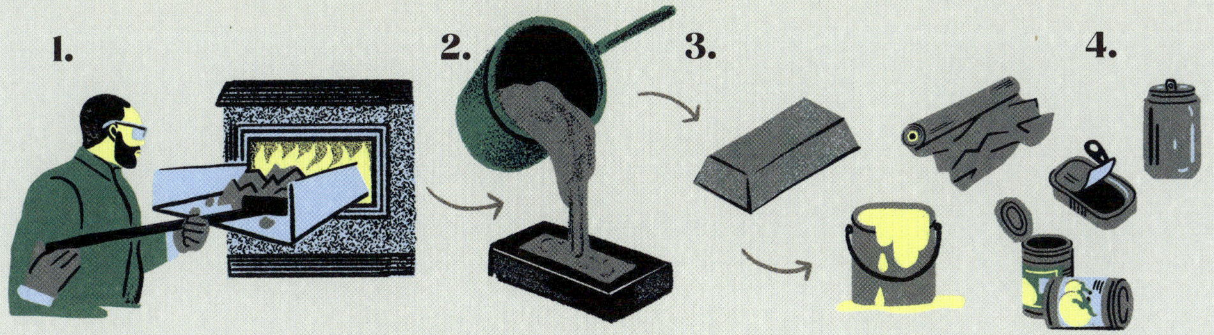

Vom Zinn ... zum Blech

Zinn ist ein Metall, das sich gut mit anderen Metallen verarbeiten lässt, da es sich gut mit anderen verbindet und die endgültige Legierung verbessert.

1. Zinn wird im Wesentlichen aus Kassiterit gewonnen, das in Öfen erhitzt wird; diese arbeiten mit »niedriger« Temperatur: Das Zinn schmilzt nämlich bei 232 Grad.
2. Es wird aber auch als Nebenprodukt bei der Gewinnung anderer Metalle in Blei-, Zink-, Kupfer- und Silberminen gewonnen.
3. Es wird hauptsächlich in Barren mit einem Reinheitsgrad von 99,5 Prozent vermarktet. Der Veredelungsprozess ist kompliziert und teuer, da das Rohzinn viele Verunreinigungen enthält, die seine Verwendung einschränken.
4. Zinn wird in Metalllegierungen, in Blechdosen, als Farbfixierer für Textilien, zum Glätten von Glas, in Zinnfolie, für Spezialfarben, zur Herstellung von Spulen für zu destillierendes Wasser und in der Petrochemie zur Herstellung von synthetischem Gummi verwendet.

Der Halbmond des Zinns

Ein Blick auf die Liste der Länder, in denen Zinn abgebaut wird, zeigt, dass sie die Form eines Halbmondes haben, der vom chinesischen Yunnan über die indochinesische Halbinsel (insbesondere Thailand), Myanmar, Malaysia und Singapur nach Osten bis nach Indonesien abfällt. Diese Regionen sind vulkanischen Ursprungs. Die andere sehr wichtige Region für die Zinnerzeugung befindet sich in den Anden zwischen Bolivien und Peru, die die gleiche geologische Struktur wie der asiatische Halbmond aufweist. Zinn ist jedoch vor allem ein »asiatisches« Metall: In Asien werden viele elektrische und elektronische Produkte (Mobiltelefone, Fernsehgeräte, integrierte Schaltkreise, Haushaltsgeräte) hergestellt, für die große Mengen Zinn benötigt werden.

Die 70 Metalle im Mobiltelefon

Das Mobiltelefon, ein Produkt, das nur wenig Platz einnimmt und das wir in unsere Taschen oder Rucksäcke stecken, ist eine Fundgrube von Metallen und Erdöl. Im Durchschnitt enthält ein Mobiltelefon etwa 70 Metalle, von den gewöhnlichen, die wir jeden Tag sehen (Eisen, Kupfer ...) bis zu seltenen Metallen, deren Namen man kaum kennt. Und dann ist da noch Öl, denn das Gehäuse besteht aus Kunststoffen, die aus Polymeren hergestellt werden, die aus Öl gewonnen werden. Hast du auch gewusst, dass aus 50.000 Mobiltelefonen mehr als ein Kilo Gold gewonnen werden kann? Minen, in denen Gold abgebaut wird, gewinnen nur 4 bis 5 g Gold aus einer Tonne Erde, während eine Tonne Mobiltelefone, d. h. 10.000 Handys, eine Super-Mine ist, weil man etwa 150 g des gelben Metalls recyceln kann ... 30 Mal mehr als eine normale Mine! Schließlich ist es wichtig zu wissen, dass die Bestandteile eines Mobiltelefons aus vielen Ländern der Welt stammen. Das Handy ist also ein echter Rohstoffcocktail.

Welche Metalle werden verwendet und wofür?

Das Gehäuse wiegt durchschnittlich etwa 50 Gramm und dient dem Schutz der empfindlichen Geräte im Mobiltelefon. Das Gehäuse besteht im Wesentlichen aus Erdölprodukten, die aus Ländern des Nahen Ostens, Osteuropas, den USA, Nigeria oder Norwegen kommen. Diesen Materialien müssen Brom und Magnesium zugesetzt werden. Brom wird im Wesentlichen aus Meerwasser gewonnen, und die beiden Hauptproduzenten dieses Minerals sind die USA und Israel; es wird auch zur Herstellung von Tränengas, Flammschutzmitteln und Desinfektionsmitteln verwendet. Magnesium hingegen ist in etwa 60 Mineralien enthalten, darunter Dolomit: Es wird häufig als feuerfestes Material verwendet und kommt vor allem in China, der Türkei, Russland, Österreich, der Slowakei, Spanien und Brasilien vor.

Die elektrische Spannung für den Lautsprecher und das Mikrofon wird durch Arsen (Peru, China, Mexiko), Phosphor (China, Marokko, USA, Russland), Antimon (China, Indien, Mexiko, USA), Gallium (China, Japan, Südkorea, Russland), Neodym (China, USA, Brasilien, Indien) und Gadolinium (China, USA, Brasilien, Indien) als Legierungsmetall in den Akkus bereitgestellt.

Die Elektrik und Elektronik des Mobiltelefons besteht hauptsächlich aus Kupferdrähten (mindestens 9 g, das Metall wird in Chile, Peru, den USA und China abgebaut), mit Kontakten aus Silber (ein Viertel Gramm, abgebaut in Mexiko, China, Peru, Chile und Russland), Gold (24 mg, hergestellt in China, Russland, Australien und den USA) und Palladium (9 mg, aus Russland und Südafrika).

Die Schweißnähte werden aus Blei (China, Australien, USA, Peru, Mexiko) und Zinn (China, Indonesien, Peru, Bolivien, Brasilien) hergestellt, während Nickel (Indonesien, Philippinen, Kanada, Kaledonien) verwendet wird, um Störungen zu verringern.

Das Touch-Display enthält Tellur (Japan, Kanada), Dysprosium (China und Australien) und Indium (China, Südkorea, Kanada, Japan), das auch für seine Helligkeit sorgt ... alle Bildschirme leuchten dank Indium!

Für die Vibration werden Bauteile verwendet, die hauptsächlich aus Wolfram bestehen (aus China, den USA und Bolivien).

Logisch ...

Zusammenfassend lässt sich sagen, dass viele der Metalle in Mobiltelefonen hauptsächlich aus China, Australien, Russland, Peru, Bolivien, den USA und Kanada stammen. Das bedeutet, dass die ganze Welt in hohem Maße von einer kleinen Anzahl von Produzenten abhängig ist, die man an zwei Händen abzählen kann. Jeder internationale Konflikt und jede politische Spannung stellt ein ernsthaftes Risiko in der Lieferkette dar. Und oft können diese Metalle nicht durch andere Produkte ersetzt werden, oder, wenn sie nicht aus Ersatzmetallen gewonnen werden, sind ihre Kosten 10 bis 100 Mal höher als die des ursprünglichen Metalls: So ist es beispielsweise möglich, Silber durch Gold zu ersetzen, aber der Preis für eine Unze des gelben Metalls ist 75 Mal höher als der Preis für eine Unze des weißen Metalls. Vergessen wir auch nicht, dass ein Mobiltelefon etwa 75 g wiegt, aber um seine Bestandteile aus der Erde zu gewinnen, müssen 30 kg Gestein abgebaut werden!

SCHWEISSNÄHTE
TOUCH-DISPLAY
ELEKTRONIK/
ELEKTRIK
GEHÄUSE
ELEKTRISCHE
SPANNUNG
VIBRATION